U0864392

渡头村志

LOCAL RECORDS OF DUTOU

肇庆市端州区史志办公室 编

方志出版社
Publishing House of Local Records

凡例

一、全面、客观、系统记述自然村落发展变化进程和改革开放成果，传承和抢救乡土历史文化，激发爱国爱乡情怀，为推进乡村振兴战略实施提供历史智慧和现实借鉴。

二、为全面反映入志的事物发展脉络，上限一般追溯至事物发端，下限断至2018年，个别重大事项延至搁笔。

三、记述地域范围以下限年份的行政辖区为主。

四、统一采用纲目体，设类目、分目、条目三个层次，横排门类，纵述史实。

五、综合运用述、记、志、传、图、表、录等各种体裁，以志体为主。

六、除引用文字和附录文献资料外，统一用规范汉字及现代语体文记述体。记事坚持秉笔直书、述而不作，只记事实，不作评论，寓观点于材料之中。行文力求朴实、严谨、简洁、流畅，具有较强可读性。

七、人物类遵循去世后“盖棺定论”才收录的原则，主要按人物生平生年排序。

八、本志资料参考地方志书的有关记载、厚岗社区档案、渡头梁氏族谱和经考证后的口碑资料、实物资料。

九、数字用法、标点符号、计量单位分别执行国家标准《出版物上数字用法》（GB/T15835—2011）、《标点符号用法》（GB/T15834—2011）、《国际单位制及其应用》（GB3100—1993）和《有关量、单位、符号的一般原则》（GB3101—1993）。历史上使用的计量单位，如斗、石、亩、里、尺、磅、华氏度等，在引用时照录。

十、自中华人民共和国成立后的纪年，均使用公元纪年。志中所称的“解放前（后）”，以当地解放日为界；“新中国成立前（后）”，以中华人民共和国成立日1949年10月1日为界；“改革开放前（后）”，以中共十一届三中全会召开的1978年12月为界。《渡头村志》中“××年代”，凡未加世纪者，均指20世纪的年代。

十一、对旧志、古籍中繁体字、冷僻字一般用简化字或通用字替换，易引起误解的则保留。

十二、记述各个时期的党派、机构、职务、地名等，均以当地的名称为准。对频繁使用的名称，首次用全称，其后用简称。

渡头村平面示意图

建设二路
前进中路
前进南路
肇庆市第二人民医院
二塔路
杏花街
杏园路
金津路
渡头街
江滨三路
渡头新村
渡头村
渡头新村
渡头新村
渡头村
元魁塔
广爱亭
二塔渡口
世德宗祠
水神庙
东堤湾小区
西江

端州区地图

比例尺 1:60000

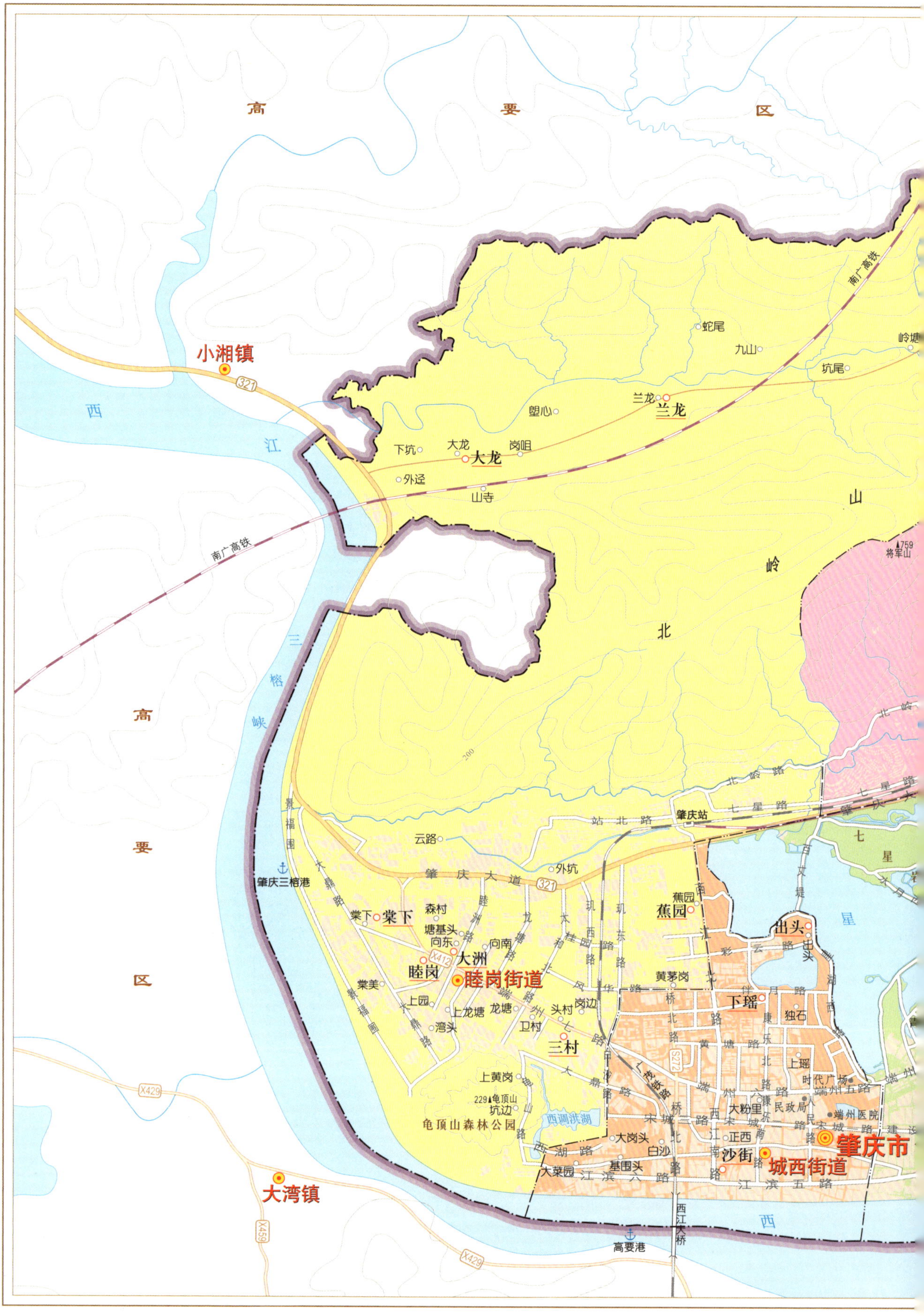

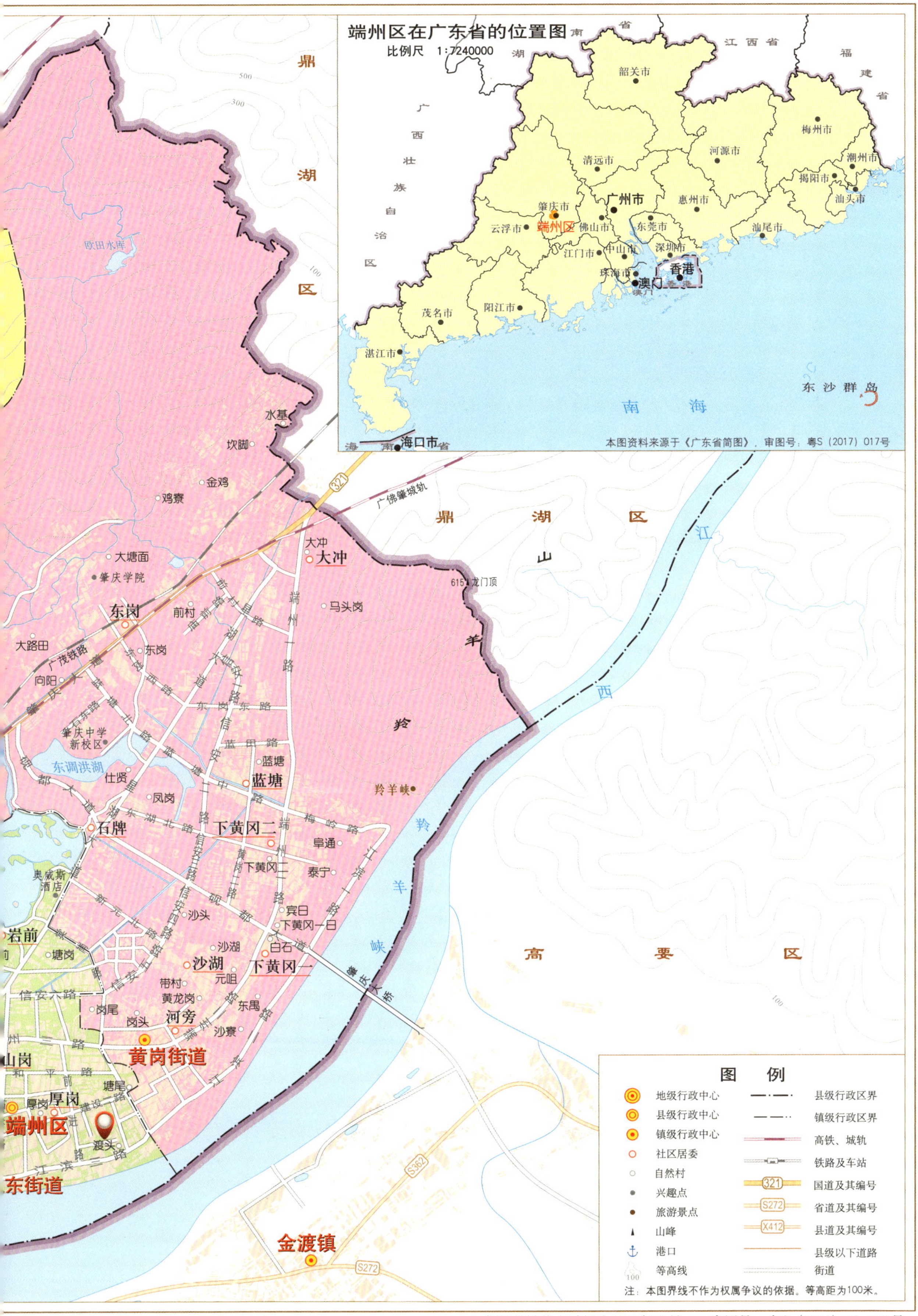

本图资料截止时间为2015年12月　　审图号：粤S（2018）17−003号

渡头村全景（郭剑泉摄于 2020 年）

渡头开村始祖梁燮画像（梁洪森提供）

元魁塔旧貌（摄于80年代初，梁洪森提供）

渡头元魁塔，又称二塔（郭剑泉摄于2008年）

渡头村南边的原景福围（梁洪森摄于 1984 年）

渡头村南边堤路结合的防洪大堤，今称江滨路（郭剑泉摄于 2020 年）

渡口码头（郭剑泉摄于 2020 年）

江滨堤外（郭剑泉摄于 2020 年）

渡头旧村（郭剑泉摄于 2020 年）

1982 年底建成的杏花庄电视塔（摄于 90 年代初，李敏中提供）

渡头村旧貌（沈建平摄于 1986 年）

渡头新村（郭剑泉摄于 2020 年）

渡头村世德宗祠屋脊灰塑（郭剑泉摄于 2019 年）

渡头村世德宗祠与水神庙（郭剑泉摄于 2019 年）

渡头旧村门楼
（郭剑泉摄于 2020 年）

渡头旧村巷
（郭剑泉摄于 2020 年）

渡头旧民居
（郭剑泉摄于 2020 年）

树德礼堂（郭剑泉摄于 2020 年）

渡头村的社坛（郭剑泉摄于 2020 年）

宋安定郡祠志碑（梁洪森提供）

20 世纪 50 年代的二塔渡口码头
（选自《肇庆市端州区志》）

原厚载祠的石鹅（肇庆市博物馆馆藏文物）

位于渡头村杏花庄的怡卢井（梁洪森摄于 2007 年）

元魁塔东侧的广爱亭（郭剑泉摄于 2019 年）

梁伟才（中间白衫者）与子女及弟弟在村里随父亲梁润明（中间黑衫者）习武练功（摄于1983年，梁玉成提供）

渡头梁伟才龙狮武术馆师徒合照（摄于2008年，梁玉成提供）

梁伟才及其有关记载（郭剑泉摄于2020年）

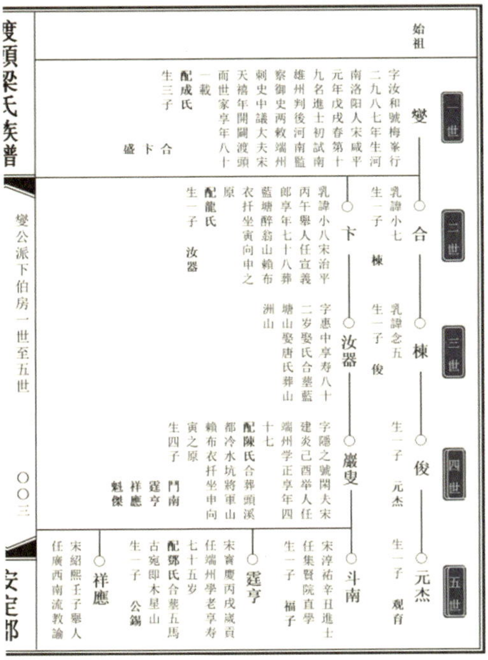

渡頭梁氏族譜

變公派下伯房一世至五世

○○三

安定郡

始祖

一世 變

字汝和號梅峯行二九八七年生河南洛阳人宋咸平元年戊戌春第十九名進士初試南雄州判後河南監察御史兩敕端州剌史中議大夫宋天禧年開闢渡頭而世家享年八十一載

配成氏

生三子 合 下 盛

二世 合

乳諱小七

生一子 棟

二世 下

乳諱小八宋治平丙午舉人任宜義郎享年七十八葬藍塘醉翁山賴布衣扦坐寅向申之原

配龍氏

生一子 汝器

三世 棟

乳諱念五

生一子 俊

三世 汝器

字惠中享壽八十二岁娶氏合葬藍塘山娶唐氏葬山洲山

四世 俊

生一子 元杰

四世 巖叟

字隱之號闕夫宋建炎己酉举人任端州学正享年四十七

配陳氏合葬頭溪都冷水坑將軍山賴布衣扦坐申向寅之原

生四子 門南 霆亨 祥應 魁傑

五世 元杰

生一子 观育

五世 斗南

宋淳祐辛丑進士任集賢院直學

生一子 福子

五世 霆亨

宋寶慶丙戌歲貢任端州學老享寿七十五岁

配鄧氏合葬五馬古宛即木星山

生一子 公錫

五世 祥應

宋紹熙壬子舉人任廣西南流教諭

渡头村梁氏族谱（梁洪森提供）

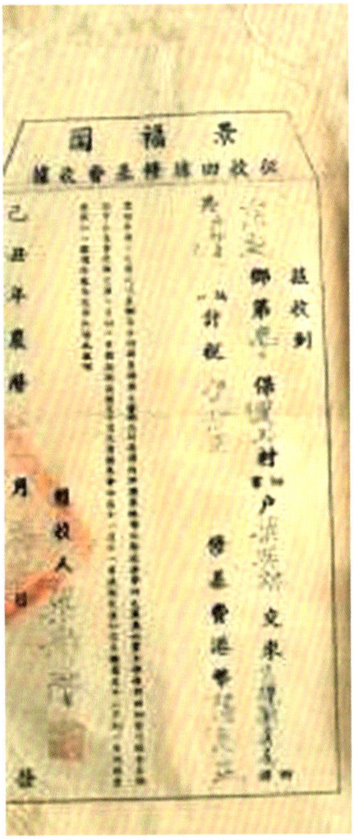

1949 年渡头村民的景福围维护费收据（梁洪森提供）

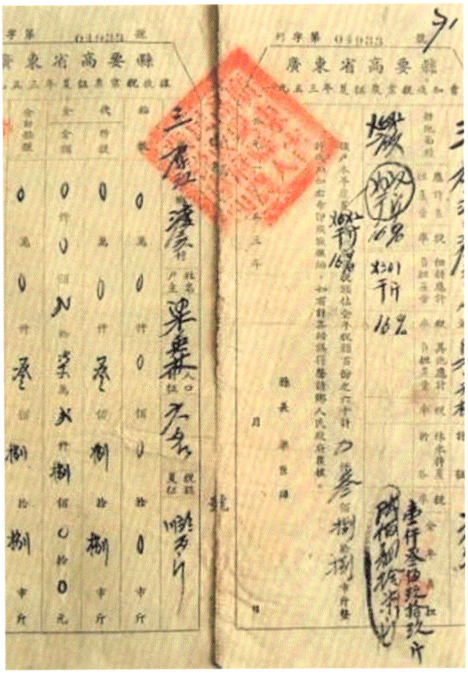

1953 年渡头村民的征粮收据（梁洪森提供）

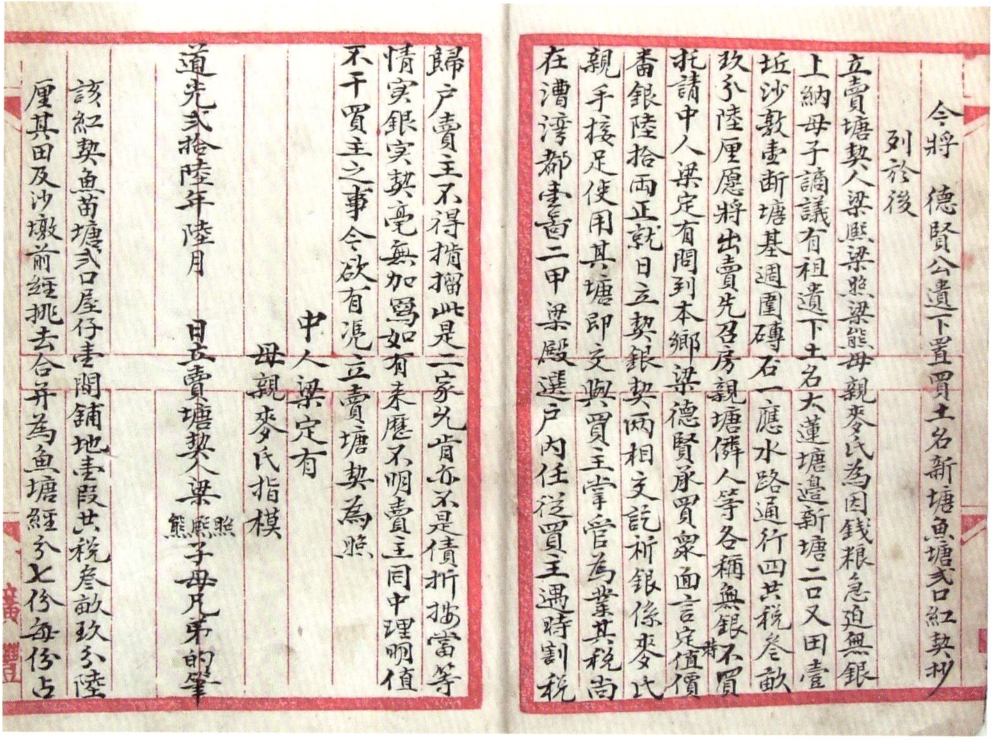

清道光二十六年（1846 年）渡头村民的鱼塘买卖契证（梁洪森提供）

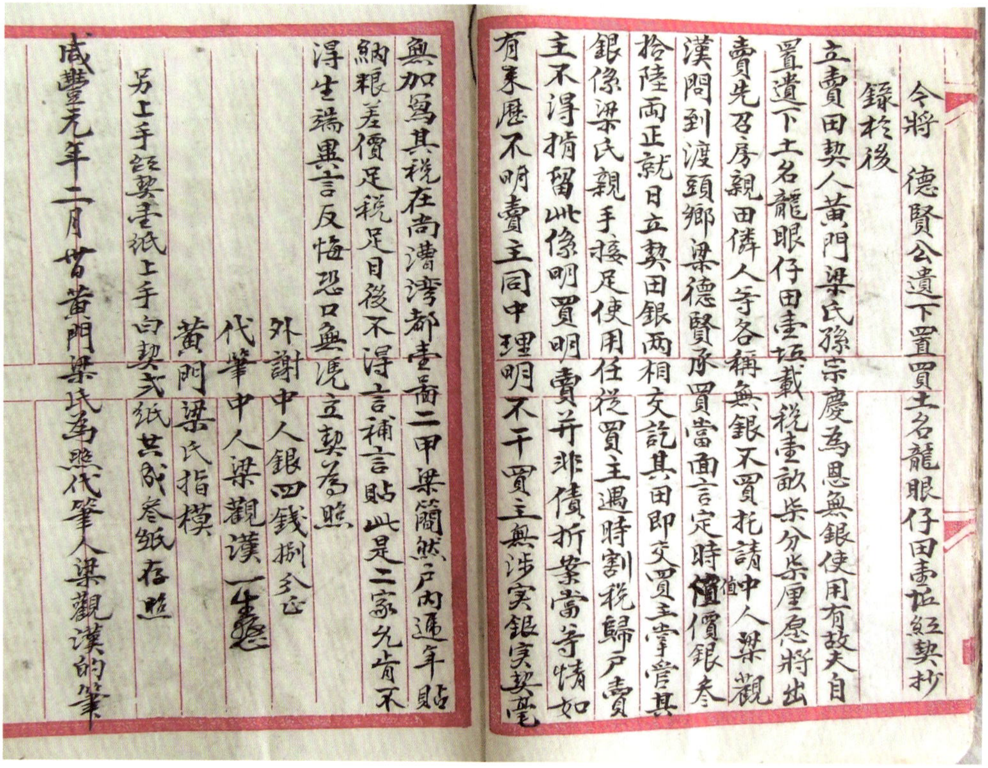

清咸丰元年（1851 年）渡头村民的买卖田契（梁洪森提供）

1931 年梁氏村民刻在大屋墙壁的遗嘱（梁洪森提供）

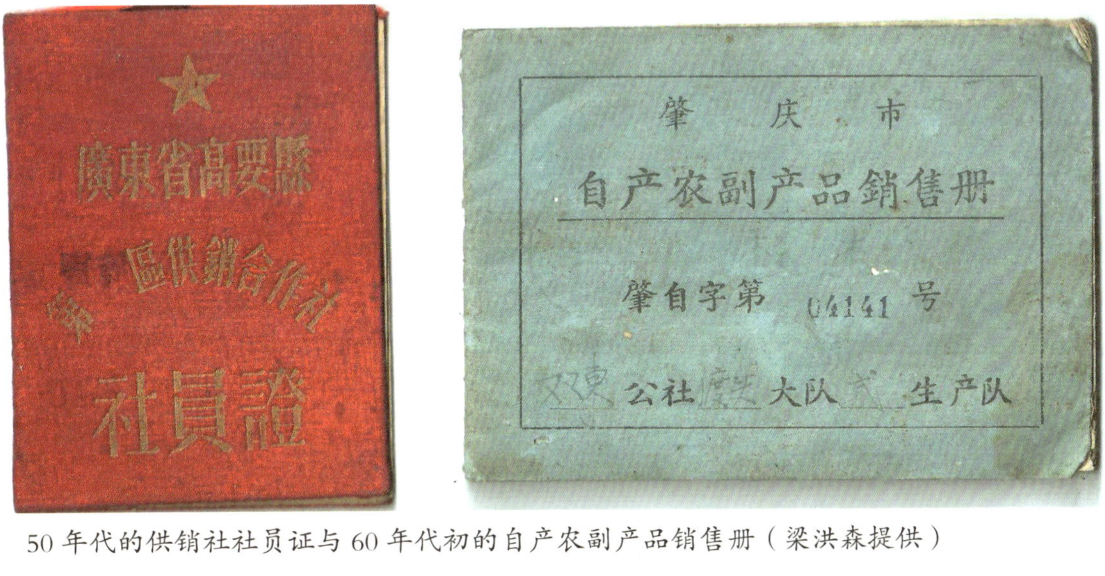

50 年代的供销社社员证与 60 年代初的自产农副产品销售册（梁洪森提供）

金津路（郭剑泉摄于2020年）

与江滨堤路相连的渡头街（郭剑泉摄于2020年）

21世纪开辟的杏园路（郭剑泉摄于2020年）

目录

概 述

肇庆古称端州，是岭南文化的重要发祥地之一，史称“岭南名郡”。古城端州，有一个跨越千年的古村落——渡头村，见证着这座历史文化名城的发展、变迁和演进。

据史料记载，唐代渡头一带名为“金津坊”，临江之处辟有渡口，人称“渡头”，沟通西江两岸，方便人们南来北往、“趁墟”交易。元顺帝后至元年间（1335—1340 年），官府在这里创设官办交通渡口，也就是现在的二塔战备渡口，通往对岸高要金渡和永安、广利、高明石洲等地，是肇庆通往江门、台山、珠海、拱北等地的交通要津。

渡头村历史悠久，交通便利，物产丰富。开村始祖梁夔（河南洛阳人），北宋大中祥符年间（1008—1016 年）任端州刺史，退职后在此定居，子孙繁衍成村。因地处河边，“金津坊”的“津”有渡口之意，这里的渡口称“渡头”，渡头村名也由此而来。

渡头村世居的村民主要是梁姓和钟姓，都是广府民系的汉族人，使用粤语端州方言。据渡头村《梁氏族谱》记载，梁夔之子梁卞、孙子梁汝器，先后分别到广东南雄珠玑巷，招来 35 姓数百户人家，分派到“高要各都、甲落脚”，开垦耕种，逐步改变端州地广人稀的荒凉旧貌，并带来内地先进的农耕文明。

渡头村是中原梁氏入粤形成的最早村落之一，建于宋代的世德宗祠是广东现存最古老的祠堂之一。原镶嵌于宗祠墙上的石刻《安定郡祠志》碑，是肇庆市目前仅存的宋代石碑，1984 年被肇庆市博物馆（梅庵）收藏，为研究南宋时期民族大迁徙的历史提供了重要的实物资料。

自宋至明，渡头村走出的进士、举人、贡生有梁夔、梁敏、梁祖荣等数十人。中华人民共和国成立后，承传家训，读书育人，考上大学的学生层出不穷，不少渡头学子学有所成，成为国家栋梁。

位于渡头村旁边的元魁塔，俗称二塔，是端州古城的一座标志性建筑。在元魁塔东侧，有一座广爱亭。在渡头村南侧西江边上，原有河堤“附郭围”。基围顶可以人行跑马，曾是古驿道。宋至道二年（996 年）于下黄冈堤段始筑“皇城围”，明洪武十六年（1383 年）在大莲塘南面修筑“莲塘堤”，崇祯二年（1629 年）增筑“附郭堤”。清康熙四十年（1701 年），大莲塘段堤裂溃决，高要知县景日昣组织人力修整后，更名为“景福围”。20 世纪 90 年代，政府将“景福围”扩建成堤路结合的防洪堤，也就是现在的江滨堤路。

中华人民共和国成立后，和全国一样，渡头村的生产经营也经历了计划经济和市场经济两个时期。改革开放前，集体生产主要为水产养殖、畜牧饲养，同时种植水稻、小麦、肇实、香蕉等。改革开放后，实行家庭联产承包责任制，村集体经济收入主要以集体物业出租为主。

1988 年，“渡头新村”在杏花庄建成，村民纷纷搬至统一规划建设的村民新居，旧村自有住房多用于出租。至 2018 年，村内有肇庆市交通技工学校、肇庆市端州区东堤湾幼儿园等学校。

随着城市的大发展、大建设，渡头村的耕地、鱼塘已全部被政府征收。村民收入一方面来源于村集体经济分红和旧房出租，另一方面来源于商业经营和工资性收入等。

进入 21 世纪，村集体经济以自主开拓实业和与经济实体共同开发的形式发展，以股权的形式把村民的收益与村集体经济的经营效益挂钩，按经营收益来决定股权分值，按股权分值来计算年终分配，成为村民年终分配收入。渡头村民的经济收入和社会福利不断改善，生活水平不断提高。

渡头村是肇庆市中心城区——端州区的一个自然村，隶属于城东街道厚岗社区，辖区范围西起前进南路，东至二塔路，南临西江，北靠建设二路，是个典型的城中村，但古村风貌保存良好。

金津之地，见证历史；渡头古村，细说沧桑。这里的宋代祠堂、明代古塔、清末民居，都见证了古城的历史；这里的每条街巷，每座古宅门楼，每条石板路，都记录着端州的今昔。

大事记

宋

宋咸平元年(998年)春,梁夔登进士第十九名。初入仕途,任南雄州判。

宋大中祥符年间(1008—1016年),梁夔任端州刺史,中议大夫。端州百姓被其德行感动,至任期满时,多次上书朝廷敕命留任。

宋天禧年间(1017—1021年),梁夔巡行劝农课士,历观端州各地,选择金津坊(后改称渡头村)定居。

宋景祐三年(1036年)八月初七,梁夔之子梁卞奉父命往广东南雄招来29个姓氏的人家,有270个男丁来端州开荒。

宋崇宁二年(1103年)正月,梁夔之孙梁汝器又招来南雄6个姓氏的人家到端州屯田垦荒。

宋政和五年至七年(1115—1117年),端州学正梁岩叟筑卢墓于高明县大幕都水尾村冲霄凤山。

宋嘉定十三年(1220年)春,梁至孙营建大祠堂,名为世德宗祠。

宋嘉定十五年(1222年)中秋,梁霆亨设立蒸尝(指祭祀),将土名大坑、马头、王布、钟婆塘等租谷,以及湾头园、莲塘鱼埠、巽峰山鱼埠、黄坭塞、宋崇塞等埠租钱,并后置赤水塘田、黎塘边田,腰江租谷等,用此收成以供祭扫。

宋嘉熙元年（1237 年）秋，梁霆亨编辑族谱。

宋咸淳元年（1265 年）春，梁霆亨创建学堂。

宋咸淳六年（1270 年）中秋，梁霆亨立碑，作《时祭田地园塘记》。

元

元大德三年（1299 年）己亥春三月清明日，梁公锡创建谒墓驻马亭。

明

明洪武八年（1375 年）乙卯，梁氏重修桃溪冷水坑将军山墓。

明永乐九年（1411 年）辛卯，梁敏奉旨在渡头村西建奉政大夫左春坊左赞善牌坊。

明宣德四年（1429 年）秋，梁端玮重修族谱。

明正统十一年（1446 年），梁氏重修将军山墓。

明正德二年（1507 年），由于姻亲关系从高要金渡大巷来帮工的 4 户钟姓人家，于渡头村尾定居。

明嘉靖十年（1531 年），梁氏重修将军山墓。

明万历九年（1581 年）秋，梁氏重修大祠堂，多用土砖。

明万历三十一年（1603 年），梁挺芳、梁挺高兄弟同科中举。

明万历年间（1572—1620 年），醉翁山（梁氏二世祖卞之墓）、冲霄凤山（梁氏三世祖汝器之墓）等梁氏各公各房山墓重修。

明天启三年（1623 年），梁氏挺芳、挺高兄弟回乡鼎建元魁塔。

明弘光元年（1645 年），梁氏重修大祠堂。

清

清康熙二年（1663 年）春，梁氏重修大祠堂。

清康熙九年（1670 年）冬，梁氏重修将军山墓。

清康熙十五年（1676 年），是年伪周变乱通乡，人物被掳，楼房被毁，果木被伐，惟梁氏大祠堂未遭侵犯。

清康熙二十七年（1688 年）夏，梁氏重修大祠堂。

清康熙四十年（1701 年）农历五月，西江河水暴涨，附郭飞鹅潭（渡头村原有小沙滩叫飞鹅嘴，下面为大莲塘）堤裂，是夜决于黄冈圩，高要县知县景日昣组织填土石修堤，并建厚载祠“镇鹅怪”。河堤更名为“景福围”。

清康熙四十九年（1710 年）秋，梁氏十七世孙梁子莲重修族谱。

清乾隆二十二年（1757 年）冬，梁氏修复金津太平祖社。

清乾隆三十九年（1774 年）清明，梁氏重申奖士条款。

清乾隆四十四年（1779 年）秋，梁氏重修大祠堂西边傍屋，修整复原头门外的丹墀。

清乾隆四十五年（1780 年）秋，梁氏二十世孙梁绎传重修族谱。

清嘉庆年间（1796—1820 年），始建钟氏宗祠。

清道光十三年（1833 年）农历七月，风雨不停，景福围决堤，摧毁房屋 300 余间，跃龙窦被毁，全村受浸，颗粒无收。

清咸丰八年（1858 年），梁氏重修高明冲霄凤山墓。

清光绪四年（1878 年），梁氏重修大祠堂。

清光绪十二年（1886 年），梁氏二十三世孙梁德卿重修族谱。

民国

民国四年（1915 年）农历五月下旬，“景福围连决 17 口，袤延四百丈，荡析千万家”，史称“乙卯水灾”。

民国七年（1918 年），由东屯、中屯两乡募建广爱亭于元魁塔东侧，亭内西墙有《广爱茶亭碑记》，上柱阴文隶书楹联“煮茗陰时行客藉兹姑疗渴，息鞭得地何人到此不停踪”。

民国二十年（1931 年）十一月，梁氏重修大祠堂，将大祠堂西边一连三进改建名宦乡贤祠，供奉明代洪武五年（1372 年）举人、翰林院左春坊左赞善奉政大夫、府学乡贤梁敏公神牌，明代万历三十一年（1603 年）举人、安徽省旌德县知县、两学乡贤梁挺芳公及名宦梁祖荣公牌位。

民国三十八年（1949 年）七月，西江洪峰水位 12.91 米。景福围多处漫顶出险，政府官员及围董抬包公像出游，以猪羊“祭江”，经乡民日夜打桩抢救才免于决堤。

中华人民共和国成立后

1949 年 10 月，中国人民解放军第二野战军四兵团十四军四十二师一二五团于 18 日从天宁北路入城过境，肇庆解放。20 日，解放军粤中纵队第六支队奉令从西江对岸渡江，分别乘船到二塔渡口、水街（现天宁南路）码头登陆接管肇庆。

1951 年 6 月，渡头农会成立，在政府派来的土改工作组领导下，分田分地到各家各户。

1952 年，开展“三反”（反贪污、反浪费、反官僚主义）运动。7 月进入划分阶级，没收征收分配土地工作。

1953年初，整治“迎流冲顶”险段——大莲塘堤段。

1954年3月，开展农业合作化运动，成立互助组。

1955年，建立初级农业生产合作社。

1956年5月，初级农业生产合作社过渡到高级农业生产合作社。

1956年，从大莲塘北边开挖修筑宽3米、深2米的水渠，全长1千米多，直通到岗尾塱，用大莲塘之水灌溉千多亩稻田和菜地。

1958年1月，开展爱国卫生“除四害”运动。

1958年2月，开展“大跃进”运动，8月开展“大炼钢铁”群众运动。

1958年9月，成立肇庆郊区人民公社，渡头成立生产队。

1960年1月2日，从1958年开始改建的二塔车排渡口正式开渡。

1960年，渡头梁满堂首创人工孵化鱼苗技术，轰动国内外，被评为广东省劳动模范，受到中共广东省委第一书记陶铸和广东省省长陈郁接见并摄影留念。

1961年4月，郊区人民公社分为双东、二桂两个公社，成立双东公社渡头生产大队，下分6个生产队。

1961年5月，肇庆市“三防”指挥部成立，下设黄岗等4个指挥所，渡头指挥站为黄岗指挥所设的7个指挥站之一。根据不同堤段的水位定出设防标准：规定渡头站9米为警戒水位。

1963年，双东公社所辖29个大队并为9个大队，渡头并入厚岗生产大队归其所辖，为渡头生产队。

是年，将渡头村前堤段外坡加固，砌防浪石墙，在大莲塘段抛石护岸，加高培厚渡头段堤围。

1964年5月，开展“四清运动”（清政治、清思想、清经济、清组织）。

是年，地处黄岗岗头村的变电站建成，渡头村通电，开始有电灯照明。

1967年2月，肇庆各地各单位分成“红旗”派与观点相对立的“东风”派两大群众组织。9月，随着“文化大革命”展开，渡头以向西村民为主，成立“新红色造反司令部第一战斗兵团”；以向南村民为主，成立“东风派”战斗兵团。

1968年，全国学解放军，“新一”战斗兵团、“东风派”战斗兵团分别称“新一排”和“东风排”。随着农村改制，改为新一生产队和东风生产队。

1969年，大搞水利，建设区田水库和环山沟水渠，整治景福围大莲塘堤段，位于渡头梁氏祠堂东边的水神祠庙和祠堂头进被拆毁。

1976年7月14日，西江水位12.50米，下黄岗河堤子堤崩决。

1978—1979年，在堤顶外肩建浆砌石防浪墙，并在临塘部分堤脚加砌浆砌石挡土墙。

1983年6月1日，肇庆市在全省率先取消蔬菜派购，开放蔬菜市场，渡头村民种植的蔬菜自由销售。

1983年9月，郊区撤销人民公社改建区公所，将26个大队改建为24个乡人民政府。渡头隶属厚岗乡。

1984年1月，渡头新一和东风生产队改为村民委员会。

1984年9月，黄岗区完成水改工程，渡头村民开始饮用自来水。

是年，重点整治大莲塘堤段，“历史险段”得到较彻底的根治。

1987年2月，渡头新一和东风村委会改为村民小组。

1988年，渡头新村建成，村民聚居于杏花庄。

1989年2月，开始分五期工程建设江滨堤路，施工到元魁塔下路段。

是年，村委会改为管理区办事处，渡头新一和东风村民小组改为村民委员会，属端州区黄岗镇厚岗管理区。

1993年，大莲塘被填平征收。

1999年1月，撤销管理区办事处，重新改为村委会，渡头新一和东风村民委员会复称村民小组。

2002年，青云堂渡头梁馆龙狮武术团获得肇庆市醒狮大赛第二名。

2003年，高要青云堂龙狮武术馆改名为渡头梁伟才龙狮武术馆，并于当年到香港参加国际武术比赛，获 7 个项目的 10 枚金牌、2 枚银牌、1 枚铜牌和 1 个第 4 名。

2004 年春，由梁景杰等梁氏族孙重修沙浦冷水坑将军山四世祖墓。

2004 年 5 月，渡头村民梁伟才应邀参加在加拿大温哥华举行的世界功夫武术段位制武林盛会，获得九段武术大师证书，成为中国获世界功夫武术九段大师第一人，并出任世界功夫武术段位制总会副会长。

是年，渡头梁伟才龙狮武术馆龙狮武术团获肇庆市第三届舞狮赛“高椿”一等奖和“传统”一等奖。

2005 年，开发已填平的大莲塘，建成东堤湾商住区。

2007 年夏，梁氏第二十五世孙梁洪森修编《金津坊志》。

2008 年 6 月 4 日晚上，来自香港南北国术协会、佛山俊威武术馆，以及美国、加拿大、匈牙利等国家的民间武术教练、队员一行共 25 人，在渡头村的树德礼堂与渡头梁伟才龙狮武术馆龙狮武术团团员一起以武会友，切磋技艺，增进友谊。

2009 年，渡头农民公寓落成，共 4 座 8 层。

2011 年，渡头村长寿老人李月好辞世，享年 110 岁。

2013 年 11 月，梁洪森修编完成《渡头梁氏谱志》。

2013 年，村委会改为社区居委会，厚岗社区划归城东街道，渡头村属端州区城东街道厚岗社区。

2014 年，渡头村民梁初鹏参加在北京举办的国际武术文化交流大会比赛，分别获咏春拳第 1 名、其他传统拳术第 2 名。

2015 年，渡头新一队醒狮武术团获广东省传统龙狮、麒麟锦标赛青年组传统南狮一等奖。

2017 年，渡头村参与肇庆市的创建文明城市建设活动，整治新旧村道巷道。

2018 年 6 月，百多名外嫁女回娘家省亲，齐集渡头村。

基本村情

◎建置沿革◎

村名来由　唐宋时期，端州漕湾都与陶山都之间有金津坊（至今村中仍有一道路名为金津路），在西江北侧凸岸的河漫滩高地之上，临江处为渡口，称渡头。北宋大中祥符年间（1008—1016年），梁夔任端州刺史，退职后在此定居，子孙繁衍成村，称渡头村。

建置　宋代，渡头村属高要县陶山都。直至清朝嘉庆年间，渡头村改属高要县漕湾都。道光年间，原属两广总督府署辖下的各督标营陆续调广州驻防，原来以督标营分防地为基础建立的都、图逐渐解体，只有部分属肇庆协分防的厢都保留。各乡政逐渐由地主乡绅组成的围董会把持。渡头村属高要县景福围中屯乡。民国初期，沿袭清制，高要县分为9个区公所、64个乡级政权单位(称为都、堡、屯)，渡头村属高要县一区景福围中屯乡。民国29年(1940年)，中屯乡分为城东、城北、八桂3个乡，县政府直辖扩大到四镇七乡，渡头村属高要县政府直辖城东乡。民国三十二年(1943年)10月，高要县废镇缩乡，十四社镇、城东乡合并为东社乡，渡头村属东社乡。

中华人民共和国成立后，从1949年至1961年，肇庆市与高要县“三分二合”：1949年11月，在高要县城分设肇庆市（县级，下同），下辖古端乡、东社乡、东文乡、湘桂乡，1950 年 3 月，撤销肇庆市的建制，并入高要县；1958 年 4 月，高要县的肇庆镇及其周围地区设立肇庆市，同年 12 月再次被撤销；1961 年 4 月，恢复肇庆市，以合并于高要县的原肇庆市行政区域为肇庆市的行政区域。自此，肇庆市作为县级市的建制才基本稳定下来。肇庆市与高要县从此分治，直至 1988 年 3 月，实行市管县体制，撤销肇庆地区，改为地级肇庆市，原肇庆市设置为肇庆市端州区。

1949 年 11 月，渡头村属肇庆市（县级，下同）东社乡。1950 年 9 月，东文乡与东社乡合并为双东乡，划给高要县第六区（窦头区）管辖，属高要县第六区双东乡。1953 年 6 月，双东乡撤销，分设下黄岗、厚岗、岩前、东岗 4 个乡，属厚岗乡。1957 年，下黄岗乡、厚岗乡、岩前乡、东岗乡合并，恢复双东乡，属双东乡。1958 年 9 月，双东、二桂乡合并，成立郊区人民公社，属肇庆市郊区人民公社。1961 年 4 月，郊区人民公社分为双东、二桂两个公社，成立肇庆市双东公社渡头生产大队。1963 年，双东公社所辖 29 个大队并为 9 个大队，渡头并入厚岗生产大队归其所辖。1965 年 11 月，双东公社与二桂公社合并重新成立郊区公社，原双东公社的生产大队归其所辖。“文化大革命”期间的 1967 年 9 月，渡头以向西村民为主，成立名为“新红色造反司令部第一战斗兵团”简称红旗派“新一”战斗兵团；观点对立派以向南村民为主，成立（大筹委）“东风派”战斗兵团。1968 年称“新一排”和“东风排”，随后改为新一生产队和东风生产队。1974 年 1 月，郊区公社又分为睦岗公社和下黄岗公社，渡头村的新一生产队和东风生产队属肇庆市下黄岗公社厚岗大队。1983 年 9 月，郊区实行区、乡制，撤销“下黄岗人民公社”以及属下各生产大队管理委员会，建立黄岗区公所及属下各乡人民政府，属肇庆市黄岗区厚岗乡。1984 年 1 月，黄岗区公所下辖各乡人民政府的生产队改建为村民委员会。1987 年 2 月，郊区实行体制改革，撤区建镇，撤乡建立村民委员会，撤销“黄岗区公所”

以及属下各乡人民政府，建立“黄岗镇人民政府”以及属下各村民委员会，原村委会改为村民小组，渡头的新一和东风村民小组属肇庆市黄岗镇厚岗村委会。1989 年，村委会改为管理区办事处，村民小组改为村民委员会，属端州区黄岗镇厚岗管理区。1999 年 1 月，撤销管理区办事处，重新改为村委会，原村民委员会复称村民小组，属端州区黄岗镇厚岗村委会。2013 年村委会改为社区居委会，厚岗社区划归城东街道，属端州区城东街道厚

二塔渡口由此出入（郭剑泉摄于 2020 年）

二塔渡口（郭剑泉摄于 2020 年）

岗社区至今。

◎自然地理◎

区位 渡头村地处肇庆市中心城区，位于肇庆市端州区城东街道东南方，距街道办事处约 2 千米。东接二塔路与塘尾村、河旁村相隔，西连前进南路与厚岗村相邻，南临西江，北靠建设二路，现为城中村。

西江进入端州区后，自区境的西北转向南流，穿过三榕峡，到大鼎峡转东流，经过渡头村南面后折向东北直奔羚羊峡，河道迂回成弓形。端州区在凸岸，古渡头村在河漫滩高地之上。村南原有景福围，古称附郭围，也是古驿道，20 世纪 80 年代末扩建成堤路结合的防洪堤（今江滨路），堤外有渡口通往对岸高要金渡和永安、广利，高明石洲等地。现在的渡头村交通便利，临近 G80 广昆高速、广佛肇城轨和广佛肇高速。

气候 为南亚热带季风湿润型气候，雨量丰沛，阳光充足，夏稍热、冬偶寒，最热是 8 月，月平均气温 29.0 摄氏度。最冷是 1 月，月平均气温 14.2 摄氏度。有寒潮侵袭，引起急剧降温或出现低温阴雨天气，但延续时间一般不会太长。气温 1—7 月逐月上升，8—12 月逐月下降。若以平均气温 10 摄氏度以下为冬天，22 摄氏度以上为夏天，10.1 摄氏度—21.9 摄氏度为春、秋两季的标准划分季节，这里夏季时间长达 7 个月（4—10 月），盛夏常出现高温酷暑天气。春、秋两季时间为 5 个月（11 月至翌年 3 月），没有真正的冬季。

现代年平均温度 22.1 度，年平均降水量 1613.7 毫米，年平均积温 7989.3 度。日照、湿度、蒸发量均随干湿季节的变化而产生相应的变化。日照时间年平均 1815.7 小时，日照率 41.45%，总辐射能量比较大。日照时间最长的是秋季（9—11 月），日照时数 611.2 小时，日照率 55.97%。平均相对湿度 79%，其中 6 月最大，月平均相对湿度 85%。11 月最少，月平均相对湿度 72.4%。在春夏交替时期，每遇“回南”（冷空气过后气温回升，空气湿度加大，产生天气返潮现象）天气，空气潮湿，空气中含水分接近饱和，致使 5—6 月的相对湿度较其他月份大，秋天则相反，常秋高气爽、天高云淡，相对湿度较少，人们也倍感舒畅。

正常年份 4 月开始进入雨季，盛行湿热的东南或西南气流，常有雷暴雨发生。6 月，出现第一个降雨高峰；8 月，为第二个降雨高峰；10 月，开始进入旱季。在雨季的 4—9 月，集中了降雨量的 80%，其中，又以 5—8 月为多，一般每月降雨量 220—280 毫米。10 月至翌年 1 月，降雨量最少。龙舟水是农历五月发生的较大降水过程，严重时可致内涝。受西江河谷地形影响，终年盛行偏东风，年内风向有交替，5—8 月，盛行东（南）风，9 月至翌年 4 月，转为东北风。

土壤 端州南部紧临西江，江岸成弓形，西江流速相对减慢，水流带来泥沙细土不断沉积。古代全新统河流冲积层沿江边呈带状分布，近代河流冲积层又在堤外覆盖叠加，堆积成河漫滩，宽 50—100 米，向河床方向倾斜，坡度为 2—3 度，海拔 8—10 米，较堤内平原高 1—3 米。它在平水期露出水面，洪水期常被水淹没。渡头至黄岗一带河漫滩发育成天然堤，局部标高 12 米，古渡头村就是建在河漫滩高地之上。

渡头村的河滩地为潮砂泥土，是河砂底砂泥田。田地属于旱地土壤，由于江水的冲刷，不断堆积而成，其中包括冲积、冲洪积和河流堆积等。它的土质有砂质、沙泥质、粘土质，局部混有石砾，土层一般比较深厚，主要是赤红壤。但在人为的耕作过程中，明显地改变了原有赤红壤的发育，而成为赤红壤的另一个亚类——耕作型赤红壤。

20 世纪 80 年代后，因国家建设、城市发展需要，土地逐渐被征用，原来的农耕地、鱼塘改为商住用地。渡头作为城中村，村道已全部水泥硬底化。

水文 南面的西江是珠江水系最大的干流，发源于云南省曲靖市沾益县马雄山，流经贵州省和广西壮族自治区，到梧州汇桂江后称西江。流经封开、郁南、德庆、云浮、高要进入端州区，河道迂回成弓形。西江水量充沛，含沙量少，无结冰期，航运价值高。它是雨源河，流量的季节分配同降雨量的季节分配大致相同。春汛在清明至小满之间，春雨绵绵，水位初告上涨，但汛期短，水位一般在 7 米以下。夏汛在小满至白露之间，汛期长，水位高，其中端午节前后的“龙舟水”、七夕前后的“慕仙水”（七月上旬出现的较大降水过程。农历七月初七为“乞巧节”，民间有拜仙活动）为水位高峰。秋汛在白露与霜降之间。

西江流域集水面积大，容易形成流域性的大洪水与特大洪峰。自明永乐七年（1409 年）至 1949 年，有大洪水记录 92 年。最严重水灾发生年份有明万历十四年 (1586 年)、明万历三十九年 (1611 年)、清康熙四十年（1701 年）、清乾隆四十九年 (1784 年)、清道光十三年 (1833 年)、清道光二十四年（1844 年）、民国四年（1915 年）。其中，道光十三年（1833 年）七月风雨不停，景福围决堤，跃龙窦被毁，渡头全村受浸。民国四年水患史称“乙卯水灾”，并波及广州出现水患。高要县《景福围志》载：民国四年农历五月下旬，“景福围连决 17 口，袤延四百丈，荡析千万家。郡城一隅，尽成泽国，屋宇颓圮，人畜漂流，胆乌哀鸿，触目皆是，童号妇泣，惨不忍闻。”1950—1988 年，西江超过 9 米水位（警戒水位）有 30 年，其中，超过 11 米以上并形成灾害有 7 年。1989 年后，因建成堤路结合的防洪大堤（今江滨路），堤外的二塔渡口所曾因洪水受浸，堤内的渡头村一直安然无恙。

渡头村西边曾有一口因古河道瘀塞而形成的沼塘，称大莲塘，约80多亩，水深2米多。1993年被填平征用，其地于2005年建成东堤湾商品楼房。

原大莲塘（梁洪森摄于1989年）

◎族系 人口◎

族系 渡头村世居村民主要为梁姓，村尾有4户钟姓人家，其先祖由于姻亲关系从对岸的高要金渡大巷来帮工，于明正德二年（1507年）迁入渡头村定居。村民均为汉族，广府民系，使用粤语端州方言。开村始祖梁夔，字汝和，号梅峰，河南洛阳人，生于北宋太平兴国三年（978年），于咸平元年（998年）中进士。初被派到广东南雄任州判，后调升端州刺史，历时11年。他于天禧年间（1017—1021年）巡行察看各地，劝农课士，认为西江河畔的金津坊渡头是适宜养生乐业之地，便选择在此定居。

据渡头《梁氏族谱》和清宣统《高要县志》记载：渡头梁氏，北山先生，有祖讳夔者，宋咸平元年（998年）第十九名进士，时年二十岁。初入仕途，任南雄州判，后升任河南监察御史，宋大中祥符年间（1008—1016年）两任端州刺史、中议大夫，端州百姓被其德行感动，至任期届满时，多次上书朝廷让他留任。宋天禧年间，开辟金津地，世代相沿，成为当地巨族。

梁氏鼻祖康公像（梁洪森提供）

据《元和姓纂》记载，相传帝颛有个孙女叫女修，因为偶然捡到燕子蛋吃下生大业，大业娶步典氏之女子华为妻，生下伯益，伯益因辅佐大禹治水有功，帝舜赐予嬴姓。伯益便是古代嬴姓的祖先。传至第 16 世孙叫非子（秦嬴），非常善于养马。于是周孝王在桃林让他负责养马，结果养马业得到很大发展。周孝王就封地巨秦谷为附庸国邑给他，被称为秦嬴。非子的曾孙秦仲是周宣王大夫，奉命征讨西戎，不幸被西戎所杀。后秦仲的五个儿子率兵继续攻打西戎，他们团结一致，同仇敌忾，终于打败西戎，收复了失地。秦仲的小儿子被封在梁，建立了梁国，称梁康伯。根据《梁氏族谱》记载，梁益耳是梁康伯的玄孙，居河东（郡治在今山西夏县西北禹王城），是为河东梁氏开基祖。梁鳝是康伯的九世孙，晚年居住在曲阜（今属山东），其子梁聪又迁到郓州（今约山东沂水县附近）。西汉平帝末年，梁益耳的二十世孙梁桥徙居安定（大约在今甘肃泾川县北泾河北岸），是安定梁氏的开基宗祖。渡头梁氏宗祠的一块刻于南宋嘉定十五年（1222年）中秋的《安定郡祠志》石碑，碑文所记渡头梁氏源于安定郡，实为梁康伯后裔。

梁爕曾任南雄州通判，其子梁卞，于治平年间（1064—1067年）经州县考试及第后成为乡贡，官居宣义郎。此前，梁卞于北宋景祐三年（1036年）到南雄珠玑巷“招工”垦荒，招来29姓270名男丁到端州落户；69年后，梁爕之孙承务郎梁汝器于崇宁二年（1103年）又到南雄珠玑巷招来6姓数十人到端州垦荒。

明朝时，曾有渡头梁氏后人分别迁往广利（今属鼎湖区）、大湾（今属高要区）等地定居。

宋嘉熙元年(1237年)八月，始由梁霆亨编集族谱，至清代数次重修：明宣德四年（1429年）八月，梁端玮重修族谱；清康熙四十九年（1710年）八月，十七世孙梁子莲重修族谱；清乾隆四十五年（1780年）九月，二十世孙梁绎传重修族谱；清光绪十二年（1886年），二十三世孙梁德卿重修族谱。

2007年夏、2013年11月，二十五世孙梁洪森先后主编《金津坊志》《渡头梁氏谱志》。

支派流分 据民国《高要县志》记载，渡头梁氏支派分为桂荣系（广利桂荣村）、白象系（大湾白象村）、爱村系（小湘爱村）、新围系（大

桂荣村梁氏祠堂
（梁洪森摄于2006年）

小湘爱村梁氏祠堂
（梁洪森摄于2006年）

新围村飏绵堂
（梁洪森摄于2009年）

湾新围村）、都棠系（大湾埌尾都塘村）、桃溪新村系（沙浦桃溪新村）、汇水系（广利汇水村）、槎布系（广利槎布村）。

桂荣系（广利桂荣村）：祖公梁大琼，字玉润，号中健，登仕郎，为渡头梁氏伯房十一世孙。曾任浙江处洲仓知事，明永乐年间(1403—1424年)在夏利都桂荣村教书。生两子亚骠、细骠，各建有祠堂，名永守堂、昭远堂。其后四世文厚、文高，又各自立祠。

爱村系（小湘爱村）：祖公梁观育，字日增，为渡头梁夔六世孙。于城东迎恩坊（现大柑园南）建立宗祠，其后分三房，居附城南，后来迁往大湘茶湾丹山，之后迁小湘爱村。从明嘉靖年间(1522—1566年)到丹山，至21世纪初，凡20多世，人口600多人。建有宗祠，名为笃庆堂。

白象系（大湾白象村）：梁夔十五世孙梁志霄，字茂冲，明朝时，迁居都幕都白象山，为其始祖。至21世纪初，传十九世，丁口300多人。宗祠名魁仕堂。

新围系（大湾新围村）：始祖而敬，字厚平，于明朝时迁居都系都今里，至21世纪初，传二十多世，丁口300多人。宗祠名为瓞绵堂。后来有族人梁才骖，又分居附近埌尾圩。

都棠系（大湾都塘村）：明万历年间(1573—1620年)，渡头梁夔之季房十六世孙梁万儒由渡头迁居都塘村，为其始祖。至21世纪初，传十九世。宗祠祀其二世祖、梁万儒之子梁锦堂。

桃溪新村系（沙浦桃溪新村）：沙浦桃溪新村梁氏始祖，渡头梁夔之二十世孙梁佐中，清道光八年（1828年）举人，以大挑一等的身份分发河工（管理治河工程的官员）、知县。在治理沙浦河涌后，建村于沙浦桃溪新村。

汇水系（广利汇水村）：汇水村位于广利镇龙头，渡头梁夔十一世孙梁鹏为其始祖。生于明宣德八年（1433年），终于正德元年（1506年）七月，享年74岁。生子天锡。梁鹏于正统元年（1436年）由渡头迁居广利圩陈塘围村嵯边园，后因陈塘围开广利圩之粜，认为风水改变，居住不合，再度迁至长利都（广利）涌口村（后称汇水村）建宅，旧称高登里，建有安定堂。隶属广东肇阳罗道肇庆府高要县横查司长利都（广利）二围二甲户。

槎布系（广利槎布村）：渡头梁燮之叔房十世孙梁伯行，明正统年间（1436—1449 年）由渡头迁居广利河旁槎布村，为其始祖。

人口 始祖梁燮自宋朝开村至 2018 年，已有千年，传世 30 多代，子孙繁盛，遍及海内外。至民国时约传 30 世，家族人口扩大到 250 余人，建有称为世德宗祠的祠堂。中华人民共和国成立后，伴随着城市化进程，不少村民转为非农业人口。改革开放后，涌入大量外来人口到此居住。

1950 年，户籍人口 600 人，其中，男 270 人，女 330 人。

1980 年，户籍人口 700 人，其中，男 325 人，女 375 人。

2000 年，户籍人口 900 人，其中，男 420 人，女 480 人。

2015 年，户籍人口 1032 人，其中，男 419 人，女 613 人，80 岁以上 37 人，最年长者黄妹（女）96 岁，另有非户籍外来人口 1500 余人。

至 2018 年末，全村总户数 296 户，有户籍人口 1084 人，其中男性 478 人，女性 606 人，80 岁以上 33 人，最年长的李社容（女）92 岁。除梁姓人家外，钟姓人家有 104 人。另有非户籍外来人口 1000 余人。

◎基础设施◎

交通 西江航道为主要交通，唐宋时期，这里临江处是渡口，称渡头。元朝后至元年间在金津坊河岸官办金津渡口。渡口于 1958 年改建为二塔车渡口，对岸是高要县金渡区沙头（今高要区金渡镇沙头社区）的金渡渡口，1960 年 1 月 1 日正式开渡。当时有两车渡 1 艘，30 马力汽油机拖头 1 艘。

1986年修建渡口码头引道，扩大至宽14米，长84米，日渡车数1070辆。1987年12月将码头扩建4米宽，是年日渡航次为95—115次，日均渡运车数1100—1350辆次。

1987年肇庆城区西郊与高要南岸连通的西江大桥建成，2001年东郊与高要金渡连通的肇庆大桥建成，2017年端州与高要城区连通的阅江大桥建成，渡口渡车量及渡车船随之减少。

元顺帝后至元年间(1335—1340年)，肇庆已有通往广州、江门、新会、德庆、梧州等地的水上客运。清光绪二十年(1894年)，肇庆首设"肇省渡"，是航行于肇庆与广州之间的"花尾渡"。同时又开设肇梧单行线航班，后来增设"肇江轮拖"等定期航班。渡头村西面附近的塔脚太乙天都码头是这些船只的停泊地。民国时期除了有肇省(城)、肇江（江门）、肇河（三水河口）、港梧（中经肇庆）、都省（中经肇庆）之外，还有来往于肇庆与各区乡之间的禄步渡、腰古渡等，渡头村东面附近的黄冈圩有码头驳艇1艘。1949年，只有肇省、肇河等为数不多的航线。1949年7月至1956年，肇庆至沙头渡江航线由私营轮船营运。1957年，设有只是航行过江短途航线的横水渡5处，二塔渡口为其中之一。80年代后，随着陆路运输的发展，水上运输逐渐衰落，二塔车渡口日渡航次日渐减少。

村南的河堤景福围，曾是古驿道。从前的基围顶又是乡道，民国时期称黄冈路。20世纪90年代，景福围扩建成堤路结合的防洪大堤，路面宽28米，成为多辆汽车并行的江滨堤路。

20世纪60—80年代，征用渡头村土地建设的市政道路二塔路、建设路、前进路先后开通。21世纪初，渡头村全部村道实现水泥硬底化。

水利 村南的古堤是由河漫滩自然形成高约3米的堤基。后来由于河床上升，天然堤无法抵御洪水。宋至道二年（996年），为抵御洪水，于下黄冈堤段始筑皇城围，当时黄冈都堤段建有堤庵。据清道光《高要县志》记载，明洪武初，知府王全筑水基堤。洪武十六年（1383年），高要同乡李儒杰等在渡头村大莲塘南面筑莲塘堤。这一时期西江虽有水患，然危害不重，故沿江筑堤御水者少，治水则以防渍造地护田为主，筑水基堤的目的是围塘造田，修筑面对西江的莲塘堤十分低矮。明嘉靖年间(1522—1566年)，统治者下令自南江口至洚水沿西江60千米水路两岸，开山伐木，深入40千米，立营督兵固守。并在西江沿岸屯田，鼓励农民及营兵砍伐树林，开山造地，造成山林被毁，水土流失，山洪暴发，破坏了西江沿岸的自然生态环境。自明万历年间开始，由于西江河床增高，洪水泛滥日趋严重。宣统《高要县志》载："明万历十四年(1586年)七月十八日，西潦大至，江水泛滥，决堤90余处，府城几陷。""万历庚戌(1610年)后七年，无岁不患水，无岁不溃防。溃而筑，筑而旋溃。岁有筑堤之苦，家无半菽之储，至于丙辰(1616年)横溃弥甚，而民之力尽矣。"崇祯二年（1629年），知县张明熙增筑附郭堤。高要县《景福围志》载："康熙四十年（1701年）附郭飞鹅潭（渡头村原有小沙滩叫飞鹅嘴，下面为大莲塘）堤裂，是夜决于黄冈圩，知县景日昣修之，甃以石，更名景福围"。景福围西起三榕峡出口，东至羚羊峡，全长17.29千米，将上自桂林堤、附郭堤（由白沙至肇庆古城，自西门南侧到南门转东门东侧，东门至崇禧塔之下一带自然高地。即东门街、镇南路至塔脚街一带，大莲塘至羚羊山脚），下至水基堤联成一线。堤围名"景福"，是采用七星岩石室洞口"景福"二字。知县景日昣还将扬基、飞鹅嘴（现航灯塔）、下军屯巷3个鱼埗（鱼苗装捞点）拨归景福围批租，收入作修堤经费。清光绪六年（1880年）栽植龙眼树3600株于堤围坡中，果熟投标，收入为养基围之用。此后，景福围堤名沿用至今。但当时所筑堤身不够高厚，屡遭冲毁，先后溃决10次，以民国四年（1915年）的洪水最为严重。

中华人民共和国成立后，大修水利，治理河患，加固河堤。1950年11月成立景福围水利委员会，撤销旧围董会。1953年初，整治“迎流冲顶”险段——大莲塘堤段。1956年从大莲塘北边开挖修筑一条宽3米深2米的水渠，全长有1000多米，直通到岗尾塱。用大莲塘之水灌溉千多亩稻田和菜地，当时对付自然灾害天大旱和排涝都起到很大的作用。1961年5月，肇庆市三防指挥部成立，下设黄岗等4个指挥所，渡头指挥站为黄岗指挥所设的7个指挥站之一。根据不同堤段的水位定出设防标准：规定渡头站9米为警戒水位，西江(高要站)水位12米为紧急水位，13米为危险水位。1963年起在渡头村前堤段外坡加固，砌防浪石墙，在大莲塘段抛石护岸，加高培厚渡头段堤围。1978—1979年，在堤顶外肩建浆砌石防浪墙，并在临塘部分堤脚加砌浆砌石挡土墙。1984年再重点整治大莲塘堤段，扩大堤基基础，填塘固脚，建长331米两级戗台，并在内坡筑砌纵横耙齿形排水沟，“历史险段”得到较彻底的根治。

政府每年在城乡征收景福围维护费，用于防范西江洪水的危害。以1982年为例，渡头村当年缴纳景福围水费1168.61元。

地方政府将景福围建设列入市政建设项目，加高培厚，砌石护岸，填塘固脚，钻探灌浆，提高防洪标准（由原来20年一遇提高为50年一遇）。随着城市建设的发展，20世纪90年代，建成堤路结合的防洪大堤（今江滨路）。从此，渡头村的“历史险段”得以根治。

其他设施 1964年，地处东郊黄岗岗头村的变电站建成，渡头村通电，开始有电灯照明。1984年9月，黄岗区完成水改工程，渡头村民开始饮用自来水。1990年通电话。2000年通计算机网络。2018年，村内有肇庆市交通技工学校、肇庆市端州区东堤湾幼儿园。

◎经济 民生◎

经济发展 宋天禧年间（1017—1021 年），梁夒在春夏农忙季节，巡行乡间，劝课农桑，鼓励农耕。据渡头村梁氏族谱记载，渡头村梁氏先祖分两次招来的珠玑巷 35 姓数百户人家，被分派到“高要各都、甲落脚”，在梁氏家族购置的土地上垦荒 39 年，开辟耕地 350 余顷，“攻闲辟荒，子孙遂奠基居，乐其业也”，“入于家，输于国”，梁氏家族有田租收入，朝廷也有田税入库，并为端州地方带来先进的中原农耕文化。从南雄珠玑巷所招人员到端州垦荒的情况，梁汝器曾留下《记功》一文记述（参见《艺文·杂记》“记功”）。

当时的金津坊面临西江，是一片河漫滩高地，易于耕种，且自然环境优越，梁氏先祖在这里定居下来后，开垦荒地，耕种饲养，建立起自己的家园。村庄旁边有一口大塘，约 80 多亩，是形成于古河道淤塞后遗留下来的低塱且杂草丛生的湖塘，称为“大莲塘”。他们引来中原的养鱼技术，利用养殖青、草、鲢、鳙四大家鱼清除湖塘杂草，藕胖鱼肥，成为主要经济来源之一，水产品每年几万斤。同时，还利用大莲塘之水灌溉稻田和菜地，稻丰粮熟，瓜菜绿嫩。

改革开放后，随着城市建设的发展，大莲塘于 1993 年被填平征收，至 2005 年开发建成东堤湾商住区。

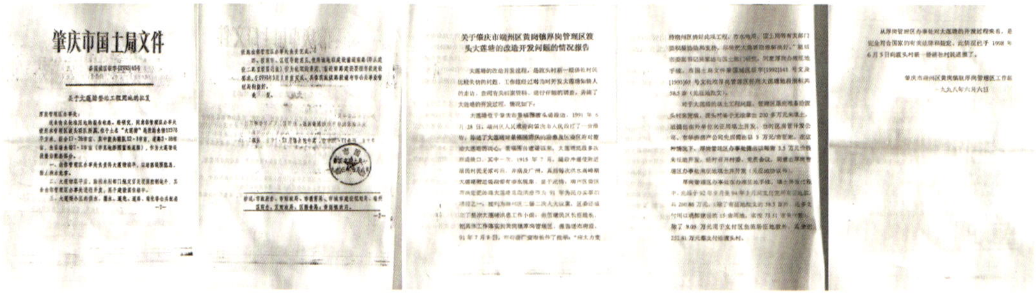
肇庆市国土局文件

关于肇庆市端州区黄岗镇厚岗管理区渡头大莲塘的改造开发问题的情况报告

90 年代征用大莲塘的请示和批复文件

东堤湾商住区（郭剑泉摄于 2020 年）

渡头村梁氏世德宗祠西廊南面墙上镶嵌石刻《安定郡祠志》碑（现存肇庆市博物馆）记载，宋嘉定十五年（1222 年）壬午中秋，梁夔五世孙梁霆亨设立蒸尝，“将土名大坑、马头、王布、钟婆塘等租，又祠后湾头园、祠西莲塘鱼埠、祠南巽峰山鱼埠及黄坭塞、宋崇塞埠等处，共税一顷四十亩零，借此收成以供祭扫、编谱、铭石，以垂不朽”。

当年村北的杏花庄，北面水田，另外三面环水，犹如半岛。原住有渡头梁氏二世祖梁下的胞弟梁盛（小九）之家，到六世祖梁道宁无后，承嗣叔房至孙次子以德继后，家族日后不断繁衍壮大。

杏花庄前后是一大片菜地，西面一小沙丘，有几十亩竹林。高大的木棉树分布在庄的东、西两边和后面的小山岗上，庄的周边都是四时花果树木。西行两百步，有一座称为怡卢的大屋，在怡卢后面有一口水井，过去是村庄主要生活用水源。民国时期在此建有面积 2000 多平方米的圩市，称为新圩。圩市四周种有榕树和石栗树，圩的南面和北面都用砖瓦建有一条长廊，用来摆卖日杂食品及遮风挡雨之用；圩的中间用来摆卖蔬菜等农产品，每日上午一圩，非常热闹。1953 年国家实行统购统销政策后，由市场经济转为计划经济，新圩的作用逐渐弱化，最后被城区建设的综合市场代替。1988 年，位于杏花庄的渡头新村建成，村民纷纷集居于此。20 世纪 80 年代初，政府在杏花庄征地建设电视塔和肇庆市电视转播台办公新楼。肇庆电视台于 1988 年在此成立并开播。

20 世纪 80 年代位于杏花庄的肇庆电视台旧址（梁一鹍摄于 2005 年）、位于杏花庄的园林式肇庆电视台大院（摄于 90 年代初，李敏中提供）

中华人民共和国成立初期，渡头村有耕地 40 公顷（600 亩），鱼塘 16 公顷（240 亩），其中大莲塘约 80 多亩，水深 2 米多，水源丰富，盛产四大家鱼，曾闻名肇庆。改革开放前，国家实行计划经济，该村为集体生产经营，村民以劳动获取工分领现金等报酬，传统经营为水产、畜牧饲养、种植水稻、小麦、肇实、香蕉等。以 1974 年为例，渡头村总收入 176186 元，其中粮食作物收入 8590 元，经济作物收入 79575 元，林业收入 1157 元，畜牧业收入 13406 元，工副业收入 36874 元，渔业收入 38509 元，其他收入 7861 元。年终收支分配情况：纯收入 134276 元，公粮 5228 元，公积金 14105 元，公益金 3716 元，生产资金 1102 元，上交大队 1102 元，上交经费 185 元，社员分配 108997 元。

改革开放后，1981 年下半年开始，农村实行家庭联产承包责任制。在坚持土地等主要生产资料集体所有制不变，以生产队为基本核算单位不变的原则下，由集体统一管理使用土地和大型农机具及水利设施；各项生产接受国家计划指导；统一提留公共积累，安排烈军属、五保户、困难户生活；因地制宜，按照宜统则统，宜分则分，统分结合的原则，把生产队的各种耕地，分包给农户作为责任田。由农户自主经营、自负盈亏、包干分配。即农户的收入，除国家的农业税、粮食收购任务、水利费、电排费、公积金、公益金、管理费等，按责任田面积，由农户负担外，其余部分均为农户所得。责任田承包期一定 15 年，5 年一小调。部分不宜于分散经营的鱼塘、藕塘、水田、果园，则由生产队统一招标，实行专业承包。宜于农户管用的耕牛、犁耙、牛舍，按承包责任田的面积，折价给农户使用。1984 年全面推行家庭联产承包责任制后，农民有了经营自主权和产品支配权，真正成为自主经营的生产者，农村生产力重新得到解放和发展。为完善统一经营和分散经营相结合的双层经营体制，以原生产大队、生产队为单位，设置以土地公有为基础的地区性合作经济组织。以大队为基础设置的称经济联合社，以生产队为基础设置的称经济合作社。其主要职能是负责管理本社范围内的集体土地和经济事务，签订、清理各种承包合同，组织发展集体经济，为农户生产提供各种服务，发展第二、三产业。1995 年，渡头东风队集体经济收入 113 万元，村民平均分配 1555 元；新一队集体经济收入 70 万元，村民平均分配 409 元。1996 年，东风队集体经济收入 99 万元，村民平均分配 1100 元；新一队集体经济收入 83 万元，村民平均分配 140 元。

2002 年，渡头东风、新一村民小组由于经济发展缓慢，被村委列为重点扶持对象，征回大莲塘侧江滨堤路北侧的土地 16.64 亩，转让后与原大莲塘用地补偿款两项合计 420 万元，按历史惯例的分配方式拨给渡头东风、新一两村小组作为发展集体经济专款。另外拨款 1.5 万元支持新一村小组改建建设二路旧厂房，使其村小组经济与上年相比显著提高，出现净收益，摆脱了以往靠公积金弥补分配的落后状况。农户分配比上年递增 54.8%，村民生活得到改善。

2003年，新一村小组通过预缴租金的方式与华杰制衣厂合作改建1025平方米旧厂房，在村边大和地投入资金14.5万元建成厂房605平方米，竣工并租给肥仔伟大餐馆使用，当年增收4.37万元；东风村小组投入资金18万元建成禾地屋北侧厂房650平方米租给商户，集体增收3.9万元。渡头村充分利用有限资源，通过不断建设新物业和改造旧物业，使集体经济逐年增长。

2008年，东风村小组利用位于第二人民医院南侧的自用地与开发商合作开发，由开发商补偿部分资金及首层商铺全部给该村小组作为合作条件，增加物业总量。

2009年，新一村小组“农民公寓式住宅”小区A幢8层住宅面积10575平方米完工并通过验收，住宅112套于当年5月分配给村民，首层作为商铺全部出租，每年为新一村增加集体收入10万元。

2010年至2012年，新一村小组和塘尾村小组利用位于建设一路的土地与开发商合作开发商住楼和塘尾“农民公寓式住宅”，盘活土地资源，为新一村小组注入新的集体资产。

随着城市建设发展，渡头村的耕地、鱼塘现全部被政府征收，已没有责任田。村集体经济收入以物业出租为主。现在，村民收入来源于村集体经济分红、商业经营和工资性收入等。

社会民生 1949年前，因为旱涝灾害频繁，生产水平低，大多数农民过着贫困的生活，平时以杂粮为主，稻米与杂粮混食。中华人民共和国成立后，农民的生活水平逐渐提高。1960年，族人梁满堂首创人工孵化鱼苗技术，轰动国内外，被评为广东省劳动模范，受到中共广东省委第一书记陶铸和广东省省长陈郁接见并摄影留念。

1951年6月，渡头划分为高要县第三区东社乡一保。渡头农会成立，在政府派来的土改工作组领导下，分田分地到各家各户。1954年3月，开展农业合作化运动，成立互助组；1955 年建立初级农业生产合作社，次年过渡到高级农业生产合作社。至 1958 年 9 月，肇庆郊区人民公社成立，渡头成立生产队。

人民公社化初期，行政高度集中统一，生产军事化、生活集体化、经济一体化。生产按部队的团、营、连、排划分组织活动，由公社统一指挥，以连为单位设公共食堂，全体社员一律集中食堂吃饭，统一作息时间。所有经济由公社统一核算和分配，取消社员自留地和私人养猪，曾实行“一日三餐干饭不收钱”（实行不足 1 个月）。社员劳动实行七级工资制，最高每月 7 元，最低 3 元，丧失劳动能力的每人每月发 5 角津贴。各连所需粮食和资金由公社统一调拨发放。出现了“一平二调”的“共产风”和“虚报浮夸风”，给人民公社的经济造成入不敷出、粮食紧张的种种困难。半年后，

渡头旧村貌与旧民居（梁洪森摄于 2004 年）

口粮由按需供给改为定量配给，一级劳动力每餐口粮标准减至大米 3 两 6 钱 4 分，三餐改为两餐，早餐自备。

1960 年底到 1961 年初，农村开展“整风整社”，清理“共产风”“浮夸风”和“瞎指挥”。渡头大队 1961 年上半年实行“三包一奖”（包工、包产、包费用和超产奖励）责任制，留足自留地，允许社员开荒；贯彻按劳分配，多劳多得，多劳多吃的原则；尊重生产队的权力，兑现超产奖励政策；粮食到户，生猪下放，纠正“一平二调”，克服平均主义，调动起群众积极性，使上半年的水稻总产比 1960 年同期增产 6 倍多〔1960 年由于盲目搞“三三”（用总耕地三分之一种庄稼，三分之一种树种草，三分之一休闲）耕作制，插植水稻 15 亩，总产只得 8400 斤〕，平均亩产 570 斤；花生、鱼苗、塘鱼、蔬菜等都全面增产。全队总收入增 65%，纯分配比上年同期增 116%，人平收入 49.5 元，比上年人平收入 23.1 元增 105%。100% 社员增收，消灭超支户。出现“十多”（粮食多、收入多、食油多、作物多、开荒多、扩种多、肥人多、出勤人数多、生猪上调多、群众休息时间多）、“五少”（懒汉少、病人少、干部叫苦少、丢荒少、死猪少）的新面貌。1961 年下半年对人民公社的管理体制进行大调整，以生产队为核算单位，取消口粮供给制和等级工资制，重申按劳分配原则，全面恢复定额管理，按件计酬的劳动管理制度。生产队内分设作业组，逐步恢复“三包一奖”责任制。同时恢复社员自留地和农村集市贸易，允许社员开荒扩种，发展粮食生产等政策。1962 年，农民生产粮食自给有余，并开始向国家提供商品粮。随着农业生产的发展，农民的收入及口粮也逐年增加。9 月 27 日，中共中央发出《农村人民公社工作条例（修正草案）》，将原来规定耕畜农具为大队所有制改为大队、生产队所有；允许把国家和公社所有的山林划归生产大队所有，大队可以把小片的零星的山林分别给生产队和社员所有；将原来要求“积极办好公共食堂”改为“办不办食堂完全由社员讨论决定”，社员的口粮应该分配到户。进一步解决直接关系群众切身利益问题，农业生产得到逐步恢复和发展。

1966年“文化大革命”开始，全面批判“修正主义路线”，“三自一包”“三包一奖”“按件计酬、多劳多得，超产奖励”受到严厉批判。农村集市贸易和社员家庭副业被当作农村资本主义自发倾向予以取消和限制，各种形式生产责任制和按件计酬等劳动管理制度被废除。全面推行“大寨式”的政治评分，以“突出政治”作为劳动评分的标准。

20世纪50—70年代，政府对农副产品实行统购政策，80年代改革开放，逐步取消农副产品统购、派购，允许自由议购议销，粮食统购改为合同定购，大大调动农民的生产积极性，出现了农业生产（第一产业）与第二、第三产业共同发展的新局面，农民的收入不断提高。

改革开放后，撤销人民公社，推行村民自治。1984年1月，渡头新一和东风生产队改为村民委员会，实行村民自我管理、自我教育、自我服务的基层群众性自治组织，实行民主选举、民主决策、民主管理、民主监督。1987年，改为厚岗村民委员会下设的渡头新一和东风村民小组。

民国时期，村里成立长生会，村民交小额资金入会，每位会员人手一本长生会发的簿子。若有会员逝世，由长生会负责其安葬事宜。过去渡头村民生病会到黄岗墟私人开设的药店找坐堂医生诊治。1956年，以黄岗墟私人开设的保元堂等6间中、西药店和药店坐堂医生组成高要县双东乡联合诊所，后来改为下黄岗卫生院、黄岗人民医院。1958年开始实行农村合作医疗制度，厚岗生产大队建立了卫生室。1969—1976年，大队办起医疗站，渡头村有赤脚医生。合作医疗经费由大队、生产队、社员个人三方集资，政府财政补助。20世纪80年代初，农村合作医疗停办。1982年6月，下黄岗卫生院增设厚岗卫生所。1989年，肇庆市第二人民医院搬迁到渡头村南面，并于1996年在此基础上挂牌成立肇庆市妇幼保健院。1989年，渡头所属的厚岗村委会成立医疗基金会，资金来源于村民委员会和村民小组福利费，按年终分配人口人平 10 元计，筹资总额 2.2 万元，村民住院医疗费可报销 20%。1997 年，实行合作医疗和保险医疗双轨办法，以及儿童计划免疫保偿制，孕产妇保偿制等制度。

长生会所发记录受益人姓名的簿子（梁洪森提供）

1949—1955 年，政府逐步建立经常性救济制度，救济对象主要是孤、老、病、残及临时遇到特大困难而本身无能力解决的少数人。1956—1976 年，实行国家保障与农村社队保障相结合，以农村社队保障为主，以“三无”对象（无劳动能力、无生活来源和无法定赡养、扶养、抚养义务人的人员）为重点，推行农村“五保”（保吃、保穿、保住、保医、保葬）供养制度。

1950—1956 年，政府发放救济粮、救济款给难以维持生活的孤寡老人。1956 年后，农村“三无”人员实行在各自家庭中分散供养，享受“五保”待遇。由初级社、高级社从公益金中支款补助，如公益金不足以解决，政府给予救济。1958 年，农村五保老人入住敬老院，由分散供养改为集中供养为主。五保户口粮和菜金由生产队供给，每人每月口粮 20 公斤稻谷。菜金和零钱 5—6 元。每年按五保户本人定量布票做衣服。在大队医疗站看病记账，到医院看病凭收费单据百分百报销。五保老人去世后由生产队集体出资处理后事。1965 年，公社办的敬老院解散，五保老人转由集体分散供养。1976年，“五保”人员口粮每人每月不低于15公斤大米，菜金、零用钱6—8元，其他肉票副食等按规定发给，衣服仍按五保户本人定量布票由生产队缝制，寒衣棉被由政府购置，医疗全包。1982年，五保户供养标准每月口粮17.35公斤大米，零用钱8—20元，水、柴、电、衣、被、医疗由生产队全包。1984年8月，根据省人民政府《广东省农村五保户工作暂行规定》，五保户供养由区、乡统筹，供给标准每人每月粮食不少于20公斤稻谷，现金不少于20元，生活要达到当地一般群众水平。五保户供养实行区乡统筹与国家救济相结合，集中供养与分散供养相结合。分散在家居住的由区、村落实集体统筹供给和落实专人负责照顾。

1987年7月，黄岗镇敬老院建成投入使用，集中收养五保老人。村集体供给每人每月伙食费45元、日用品费2元、保健费5元，医疗费100%报销。1990年，伙食费提高到60元。

1988年，原来由村（生产队）“三七”五保统筹办法（有五保老人的生产队负责70%，无五保老人的生产队负责30%费用）改为由镇、村民委员会、村民小组三级统筹负担，实行乡镇统筹与国家救济相结合，集体供给与发展院办经济相结合。1994年，五保老人供养标准每人每月120元。2000年，供养标准每人每月300元，经费从乡村集体经营收入中提留，集体企业上缴利润及镇统筹费中列支。

1992年，渡头所属的厚岗管理区成立扶贫互助储金会，为救灾扶贫的民间互助合作组织，国家给予部分救灾扶贫周转金作基础，通过村民自愿缴纳会费和集体资助筹集资金。

从1997年1月起，实施最低生活保障制度（简称低保）。家庭人均月收入低于当地最低生活保障的均纳入低保对象，最低生活保障标准为每人每月150元。

渡头村现有60岁以上老人120多名。村里注重弘扬中华民族“爱老，敬老，

尊老”的传统美德，21 世纪每年的重阳节，都给每位老人发放慰问金 400 元。

渡头村遵从厚岗村民委员会订的村规民约，与传统的族规家训共同规范村民行为。（参见附录《厚岗村民委员会村规民约自治章程》）

表 1 1950—2018 年渡头村干部任职基本情况表

姓名	性别	任职时间	担任职务	备注
梁启兴	男	1950—1953 年	第一届渡头农会干部	
梁星泰	男			
梁伍全	男			
梁旺喜	女			
梁焕带	女			
梁泽浩	男			
梁福尧	男			
梁焕带	女	1953—1958 年	互助组长，初级社、高级社主任	
梁伍全	男			
梁四女 覃　婵	女	同上	同上	
覃　婵	女	1958—1961 年	渡头生产队第一队队长	
林胃贤	女	同上	渡头生产队第二队队长	
杜　五	女	同上	渡头生产队第三队队长	
何润为	女	同上	渡头生产队第四队队长	
伍亚彩	女	同上	渡头生产队第五队队长	
陶英好	女	同上	渡头生产队第六队队长	
覃　婵	女	1961—1967 年	渡头生产队第一队队长	
林胃贤	女	同上	渡头生产队第二队队长	
杜　五	女	同上	渡头生产队第三队队长	
梁爱珍	女	同上	渡头生产队第四队队长	
伍亚彩	女	同上	渡头生产队第五队队长	
陶英好	女	同上	渡头生产队第六队队长	
梁灶新	男	1968—1979 年	东风生产队队长	3—6 队合并
梁友祥	男	同上	东风生产队副队长	
林胃贤	女	同上	新一生产队队长	1—2 队合并
钟耀帮	男	1980—1989 年	东风生产队队长	
覃丽婵	女	同上	新一生产队队长	
钟耀帮	男	1989—1996 年	渡头村委会主任、联队队长	
梁志玲	男	同上	渡头村委会副主任	
梁伟民	男	同上	渡头村委会副主任	
梁少荣	男	同上	渡头村委会委员	
梁星强	男	同上	同上	

续表 1

姓名	性别	任职时间	担任职务	备注
林桂娥	女	同上	同上	
邓　婵	女	同上	同上	
钟耀帮	男	1996—1999 年	渡头东风社主任	
梁星强	男	同上	渡头东风社委员	
林桂娥	女	同上	同上	
梁少志	男	同上	渡头新一社主任	
梁虾拉	男	同上	渡头新一社委员	
梁卓能	男	同上	同上	
钟耀帮	男	1999—2002 年	东风村民小组组长	
梁志坚	男	同上	东风村民小组成员	
梁友年	男	同上	同上	
梁少志	男	同上	新一村民小组组长	
梁卓能	男	同上	新一村民小组成员	
梁卓煊	男	同上	同上	
梁拾仪	男	2002—2008 年	东风村民小组组长	
钟卓洪	男	同上	东风村民小组委员	
梁建邦	男	同上	同上	
梁初添	男	同上	新一村民小组组长	
梁卓航	男	同上	新一村民小组委员	
梁卓攀	男	同上	同上	
梁拾仪	男	2008—2011 年	东风村民小组组长	
钟卓洪	男	同上	东风村民小组副组长	
梁建邦	男	同上	同上	
梁初添	男	同上	新一村民小组组长	
梁卓航	男	同上	新一村民小组副组长	
梁卓攀	男	同上	同上	
梁建熙	男	2011—2018 年	东风村民小组组长	
梁振乾	男	同上	东风村民小组副组长	
何亚兰	女	同上	同上	
梁初添	男	同上	新一村民小组组长	
梁卓航	男	同上	新一村民小组副组长	
梁卓攀	男	同上	同上	
梁振星	男	2018—	东风经济社理事长	
梁建光	男	同上	东风经济社副理事长	
邓华耀	男	同上	东风经济社监事长	
梁初建	男	同上	新一经济社理事长	
梁卓贤	男	同上	新一经济社副理事长	
梁卓潮	男	同上	新一经济社监事长	

文物古迹

◎古塔　茶亭◎

元魁塔　立于渡头村旁边的元魁塔，俗称二塔，位于江滨三路、二塔

渡头元魁塔内、外观（郭剑泉摄于 2019–2020 年）

路交界，由渡头村梁氏族人于明天启三年（1623年）兴建，1984年11月公布为肇庆市文物保护单位，2019年4月公布为广东省文物保护单位。

位于西江北岸的元魁塔，是文风塔。西邻崇禧塔，南与巽峰塔、文明塔隔江相望，构成肇庆明代四塔的宏伟景观，成为古城端州一亮丽风景。这种四塔对峙的整体布局在全国也属罕见。肇庆西江边四座明塔中，元魁塔是唯一由民间修建的。

元魁塔为楼阁式八角塔，高27米，底层每边长2.63米，呈八角形。外观7层，内为10层，其中1至3层属穿壁绕平台结构，有夹（暗）层；4至10层内为直筒式结构，有便梯供上落，但外观与下面塔层保持一样，为出腰檐平台栏杆的楼阁式，塔身是砖木结构，塔基为花岗石，塔刹为铁。内结构用两种形式，独具特色。造型自下而上每层高度按比例减少，有明代建筑特色，又有宋朝建筑风格，属西江流域明塔的典范造型，具有重要的历史及科学研究价值。

相传元魁塔为渡头村梁挺芳、梁挺高兄弟于明朝万历三十一年（1603年）同科中举后，仕途畅通，在天启三年回乡所建。因为中文的“元”和“魁”都有第一之意，既报答家乡的培育之恩，夸耀兄弟俩在乡（省级）试中名列前茅，又鼓励梁氏士子考取功名，寄望子孙后代在科举考试中夺魁。清代，元魁塔下建有树德学堂（参见《文化·教育》“古今教育”）。

元魁塔也曾是渡头村人的风水塔，民间传说有“宝塔镇河妖”的作用。佑护渡头村一带风调雨顺，五谷丰登。

元魁塔经历380多年风雨和地质的变动，江水冲击塔基，曾向东南方向倾侧67.6厘米，超过允许倾斜度10倍，成为名副其实的“肇庆比萨斜塔”。为挽救古迹，1984年进行塔基补强和塔身扶正，才保住古塔不倒。1997年再度维修。

广爱亭 位于渡头村东南、元魁塔东侧，是一座供途人休息用的茶亭。由高要乡绅募建及管理，民国七年（1918 年）创建，曾于民国十七年（1928 年）维修，1997 年再度维修。该亭坐西北向东南。呈方形，卷棚歇山顶，三开间，进深三间，4 条花岗岩石方柱，前边两条特别粗大，后柱上刻“煮茗陰时行客藉兹姑疗渴”“息鞭得地何人到此不停踪”。12 架椽，抬梁式，明间为瓜柱，次间为雕花柁墩。后封砖墙，三面敞开，砌曲尺形角墙。该亭为乡人公益所建，反映当地交通要道历史。以前，东来西往的人常在亭内歇脚。每遇风雨，路人进入躲避。酷暑天，热心公益者凑钱请人在广爱亭烧水施茶，免费供应路人。

广爱亭旧貌外观（梁洪森摄于 1989 年）

◎宗祠◎

梁氏宗祠 堂名为世德宗祠，坐落于元魁塔西面的江滨堤边。始建于南宋嘉定十三年（1220年）庚辰日，由梁氏四世祖梁岩叟之孙、新州同知梁至孙鼎建，是现存广东历史最早的祠堂之一。坐北向南，阔三间，进深三间；宽四丈，深九丈，面朝端海（即西江）。头进正脊为番石榴、蟠桃、花瓶灰塑，寓“福、禄、寿”等吉祥之意。屏墙高耸，彩绘图案具有较强的表现力和艺术感染力。十一架椽抬梁式结构，前后搭牵。两根花岗石柱矗立大门口前两侧，拉嵌石月梁搭牵两边墙，石月梁中间分别嵌入两只石狮，承托檐梁。前檐搭牵根部，雕花衬托，寓意族人代代出状元、榜眼、探花。

世德宗祠大门框为花岗石结构，门楣阴刻“世德宗祠”四个大字，两侧悬挂一幅楠木对联“端海南朝宋水新江松秀芬芳龙象舞，星山北跃元魁景福杏花香放凤鸾鸣”。

两扇楠木大门，门轴墩座为大理石嵌接门闩，门口两边嵌镶石鼓。花岗石铺地三级台阶。过去站在大门口可观望西江南岸，由于历年河床上升，堤围加高和江滨堤路建设，现在门口已看不见对岸了。

大门内是屏风，屏风背后是天井，天井两侧为东、西两廊。通过廊道，进入二进大祠堂。二进祠堂是梁氏族亲议事之堂。但凡有祭祀、庆典等重大活动，族亲都要聚集在这里共同商议和筹备。祠堂建造是童柱柁梁式结构，四根楠木柱承托金字柁梁斗拱，两边斗拱各为六组；柱磩为石质鼓形花篮脚，阶砖铺地，雕梁画栋。再过天井，中间立一旗杆，旌旗飘飘，两边各一大鼎香炉，供族人上香。两侧东、西两廊，可通大夫祠和乡贤祠。西廊南面墙上原镶嵌石刻《安定郡祠志》碑，1984年交由肇庆市博物馆（梅庵）收藏。《安定郡祠志》碑用端砚石制作，长方形，高0.36米、宽0.5

米。碑文从右至左竖行阴刻楷书，25 行，满行 24 字，共 503 字。此碑名《安定郡祠志》，因梁夔的始祖是于西汉时由凉州（今甘肃西部）安定郡迁入河南洛阳，故梁氏宗祠也称“安定郡祠”，以示不忘祖宗。碑文由赐进士第知南海县事道契年家弟盛世撰文。祥应、斗南、霆亨、魁杰、至孙等梁氏子孙于南宋嘉定十五年（1222 年）中秋吉日立石。记述了渡头村梁氏始祖梁夔于宋咸平元年（公元 998 年）高中进士，先后两次任端州刺史，其子梁卞，从南雄珠玑巷召集 29 姓人在高要定居的情况以及记录渡头梁氏鼎建祠堂、设立祭祀的经过及立碑原意。

三进是始祖祠，十三架椽、五十三坑瓦阔，阶砖铺地，屏墙彩绘壁画。正中立一座神台，安放始祖夔塑像，塑像两边设四世祖神牌，供子孙参拜。

明代万历年间 (1572—1620 年)，在宗祠东侧相靠增建大夫祠，进深三间，阶砖铺地。二进立四根楠木柱，木柱顶为斗拱结构，柱础为石质花篮脚。三进正中立一座神台，供奉明代嘉靖十九年（1540 年）岁贡、江西宁州同知、奉正大夫、儒林郎梁沛公神牌。

民国二十年（1931 年），在宗祠西侧相靠增建名宦乡贤祠，进深三间，阶砖铺地。三进正中立一座神台，供奉明代洪武五年（1372 年）举人、翰林院左春坊左赞善奉政大夫、府学乡贤梁敏公神牌，明代万历三十一年（1603 年）举人、旌德县知县、两学乡贤梁挺芳公及名宦梁祖荣公牌位。1969 年，因整治景福围大莲塘堤段，世德宗祠一进被拆毁。世德宗祠自建成后，历经 30 年一小修，80 年一大修，近千年的祠堂才得以留存于世。

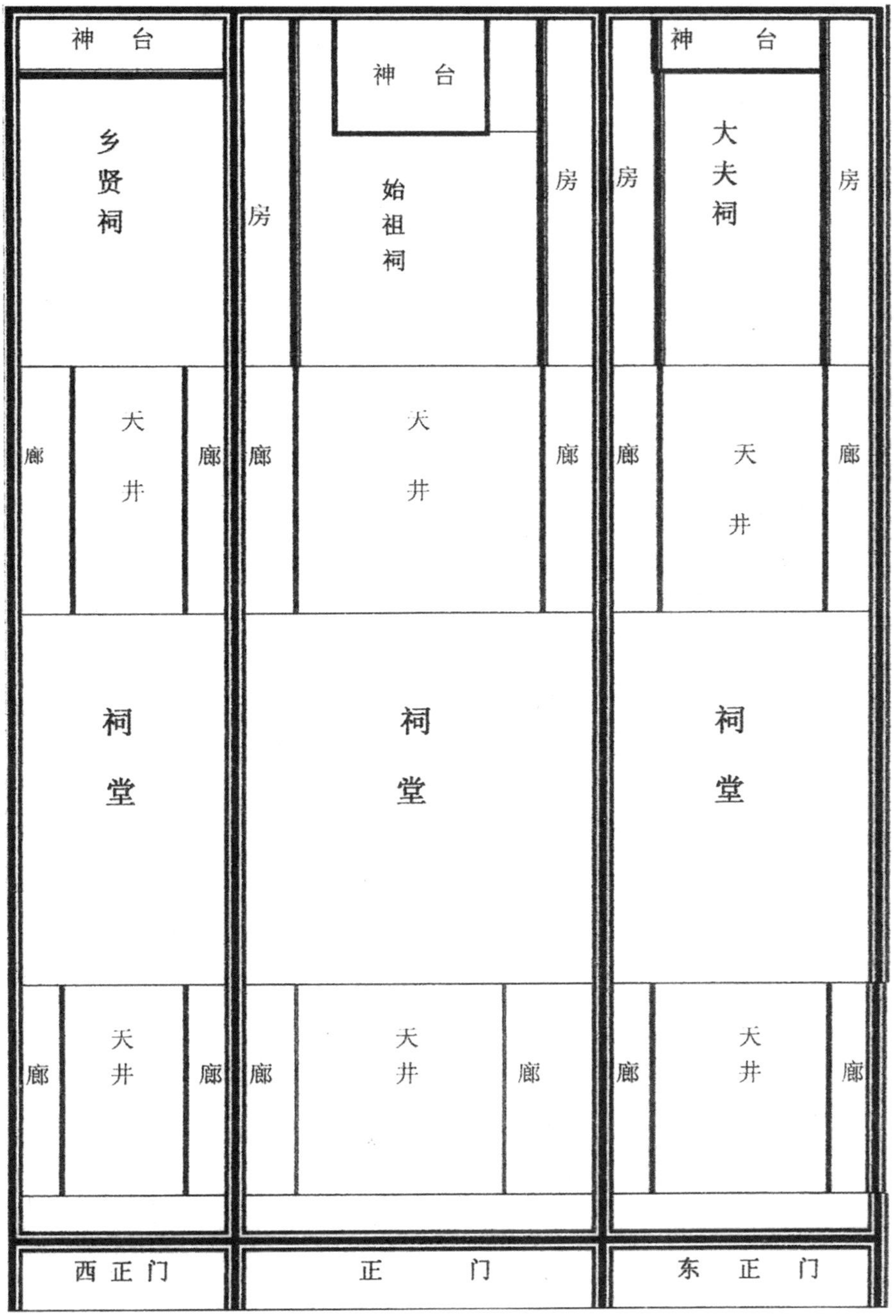

世德宗祠示意图（梁洪森提供）

世德宗祠大门及两侧花岗石柱础（郭剑泉摄于2019年）

祠堂柁梁（梁洪森摄于2011年）

祠堂檐托结构（梁洪森摄于2006年）

文化 教育

◎家规◎

梁氏家规 渡头梁氏六世祖梁公锡，是南宋咸淳元年（1265 年）进士，曾任江西布政司参政，于元泰定二年（1325 年）撰写梁氏家规书，制定家规 9 条，明万历九年（1581 年）重修祠堂后，又增加了第 10 条。

家规 10 条原文照录如下：

祠堂鼎建尊祖敬宗之心报本反始之念奉祀四代乃开基传世永不祧之祖也春祀秋赏至斯祭焉叨恩沐宠至斯谒焉生子添孙至斯见焉教训责罚至斯行焉冠婚丧葬至斯告焉凡酌论大小之事皆至斯以定之焉

清明节届子孙拜扫之时古今往来之礼此日赴祭中议大夫公马脑山墓次赴祭宣义郎公醉翁山墓次赴祭承务郎冲霄凤山墓次赴祭学正公将军山墓次赴祭各房公山墓至百千万年百千万世不可先其所后后其所先如近山顺路即行权以祭之可也

主祭祠墓虔诚方格祖宗端敬能钦子孙当举有德有子之贤孙同居本里者主之如专论宗子未必世世相传世世皆贤若专论高年未必人人早嗣人人修德不致履咎行慝即污祭也迁居异里即外祭也如僭举妄行者罚胙

祭日复临品物固要鲜洁衣冠必须整齐昭穆宜序贤贵当尊其主祭与为官

及举贡监庠集拜中庭余者分拜两阶礼毕座位颁胙自老及少自近至远如怠慢过午斋乱越分亵服喧哗者皆罚胙

各山坟墓祖宗体魄所存子孙命脉攸关外人侵葬齐至山头不得在家坐视倘若开官能答应者向前众人随后所有费用即支尝银如若不足即照丁粮起科但系孝子贤孙捐囊多助如見官退避受贿徇私推托不到及到而隐讳者责三十荆永远不许赴祭祠墓族人恃强盗葬及盗卖祖坟者责逐依此施行

谱系编集重其本源之所自出详其支派之所由分其升选封赠科甲贡监进庠纳吏生子某名娶妇某氏忠孝谦节寿考卒葬春秋两祭写贴祠堂例以逢甲之年孟春之月上元之日赴祠会订各谱内有彼此未录各皆注明有名字相同即令改之如越期不修凡儒生各责十荆各罚银一两

庭训家修孝弟忠信之行礼义廉耻之事每逢朔望晨早赴祠上香通行四拜能者嘉之不能者勉之各有言语是非相劝彼此和睦尊不可凌卑少毋得犯长元旦冬至通行六拜其不到者责五荆如外行士农工商及迁居异里者勿论

祠堂坟墓以三十年一小修八十年一大修预期积贮赏银择大利年月日时循照常规不得设奇改旧弃朴超华则祖宗之宅大新子孙之福大发如有希图肉食而不为偏执己见而逆众者责三十荆永远不许赴祭祠墓

蒸尝田塘后代更期其增多设法求其永久遇太平之粮饷自轻逢离乱之差徭最重所有税米均派十年各都各甲分受每税一顷每年十亩或一年一甲亦自受十亩或一年三都亦共受十亩取其分则十年轻而易不致合则一户重而难即能垂之万年而传之万世矣如有不愿受者责三十荆永远不许赴祭祠墓

大祠堂建后至万历年间通族以为贴祠左边似无碍于风水仅许设同知公讳沛一小宗耳夫祠庙寺观者皆谓之阴宅也凡设之每皆见害而不见利断断然矣当保全阳基为重即后有架修行之禅堂造邀福之神祠皆不可轻易妄作将来体此则世家之庆长享矣列祖安葬但恐各房附葬太多独不观地理书云山虽吉而葬多不宜则不当与之葬也明矣又云千里来龙到头来只是一穴则不当求之

葬也又明矣吾肇山高水深不比平洋大地即后有富者亦能另图贵者亦能另卜皆不可惊动先灵将来体此则世泽之流长荫矣家乘篡修后列公相承秉笔而不加一序者盖嫌其慕名而厌其过繁耳凡谱内存所载皆至简至要令抄之者众所以类经变乱因藏之者易而存者多也当今子孙繁盛篇帙常增即后有官居一品之尊才高八斗之上皆不可添设文序将来体此则世系之传长存矣

家规序　家规序原文照录如下：

司马温公曰我箴参政梁公曰家规曰我箴者箴乎一己曰家规者规乎一家大而纲常伦纪小而事物细微与夫天理之所当为人事之所当行天理之所不当为人事之所不当行悉数而备录设立条款闲夫一家垂于万世俾子孙不出边栏之外也夫公之遗规如此当时后世千子万孙悉循规悉蹈矩人之有君子之心之行世之无偷簿之风之俗则前而金紫银青中义大夫宣义郎承务郎官近而翰林藩臬府州县暨儒学列职名望盖振振而不陨矣予因参政乃郎仲敷其学正祖闲夫九月二十五讳日复临请予叙胙示以尊参政家规肃起爱亲再四遍揽见有理趣深关乎世教始思宦游浙江过顾义门郑氏献以是规固见其严整矣今梁氏是规尤为切要愈读愈爱令人兴起劝善者可以感发人之良心戒恶者可以惩创人之逸志时命其子侄誊录一本惠予矜式因有所感而为之序焉

大元泰定二年岁居乙丑秋九月念有五日吉旦

赐进士第浙江参政南海江 礼谨序

又序

梁氏家规书参政公锡之所作也然非牵强为人立异以骇家众盖其设心维持子孙使不失初性以尽立人之道也夫人之为道饱食煖衣逸居而无教则近于

禽兽圣人有优之使契为司徒教以人伦父子有亲君臣有义夫妇有别长幼有序朋友有信呜呼圣人且然而况其次者乎次也者公也公也者次也公也为克肖子尽是道于已规是道于家而家也无不齐矣又由其齐家推而致之辅君以治国而国治辅君以平天下而天下平故曰君子不出家而成教于国孝者所以事君也岂特一时一世为然百千万世无时而不然也凡我子孙目睹是书心融是教靡不振奋靡不拥跃祖述献章知先祖之法服不敢服知先祖之法言不敢言知先祖之法行不敢行公之遗书不负其书也猗欤盛哉

大元至顺二年岁居辛未春二月朔日吉旦

赐进士出身福建左布政使司顺德罗光祖书

◎祠堂◎

祠堂文化 过去，宗祠除了作为祭祀场所之外，还是处理宗族内部事务、执行族规家法的地方。族人的冠礼、婚礼、丧礼等基本上都在宗祠进行。族人之间或族人家庭之中发生争执，都要到宗祠裁决。宗祠在一定意义上又是氏族衙门，具有氏族“公堂”的性质。同时，宗祠在缅怀先祖、弘扬祖德、凝聚本族，培育人才、耀祖光宗，建管公益、惠及村民等方面，都发挥了积极的作用。梁氏《世德宗祠记》里的“君子之居室也，宗庙为之先，盖所以尊祖重宗以事神”“祭祀之礼，冠婚丧葬之酌，必告诸于庙而后行”，是渡头村梁氏先祖建造世德宗祠的良苦用心。梁氏家规也规明：“祠堂建成是用以尊祖敬宗之心报本反始之念，奉祀春记秋贤生子添孙教训责罚冠婚丧葬酌论大小之事皆于祠堂告以祖先。”几百年来，利用祠堂一脉相承，维系血缘关系，村中的祠堂是具有团结族人，化解矛盾，读书育人，维护人伦秩序等多功能作用，成为渡头梁氏道德伦理的教化礼制中心。

祭祀制度 祠堂设立蒸尝，要子孙后代勿违祖训，勿缺家规，承先志以垂后世，警后昆以起孝思，使亿万无疆之世咸惕追远。族人每逢初一、十五必到祠堂拜祭先祖。各家有喜庆先敬祖先而后行。每年十月十五日放炮，成为村中大庆，各支系族人必来庆贺，十分热闹。

祭拜程序 祠堂祭拜行的是周制大礼，即三拜九叩首：大拜见面上香；三拜敬酒；拜献元宝；后各行三叩首，共九叩首。

先行三拜见面礼，然后主祭人站立，静听礼生荐请先祖，荐请完毕跪下上香，行三叩首。接着，起立后再拜，跪下敬酒，行三叩首，随即起立后再俯伏，静听礼生宣读祝文，读毕，主祭人起立再拜三拜，跪下献宝（元宝），行三叩首；起立再拜三拜辞别，鸣炮礼成，鞠躬退位。

祠祭祝文原文照录如下：

维

国朝　（某）　年岁次（某）　春　季秋九月（某）朔越 二十五日（某）十几世孙梁（某 ）偕众等敢昭告于

宋代显四世祖考乡进士端州学正梁公府君

宋显四世祖妣　贤　淑　陈氏孺人　神位前曰洪惟我

祖天赋高才生于宋世宰教端庠作士有规积德渊深庆流后裔　亘数百年冠裳世系曷其臻此成

祖之遗当春秋生成物伊始感时追远不胜永慕谨备庶馐牲醴束帛之

祠祭仪式原文照录如下：

蔫茶梆　（注：三种击乐音韵）

尊灵俯秉鉴格敬请

宋显一世祖考赐进士第中议大夫两敕端州刺史梁公府君

宋显一世祖妣　贤　淑　成氏夫　人

宋显二世祖考乡进士宣义郎梁公府君

宋显二世祖妣　贤　淑　龙氏孺人

宋显三世祖考乡进士承务郎梁公府君

宋显三世祖妣　贤　淑　莫氏孺人

暨　宋布衣赖先师

与　合族贤宗先配咸兹合食尚飨

◎精武文化◎

武馆　清末民初，战乱频频，盗贼经常出没，村庄多次受到贼寇洗劫。村民为自卫习武艺，有助强身健体，抵御外来入侵。请武术大师教授武艺，

渡头武馆表演（摄于2017年，梁玉成提供）

并成立武馆，进行训练。

武馆教授村民少林拳、洪拳、咏春拳、蔡李佛等武术。经几代人继承并发扬光大，逐渐形成一项村民爱好的体育运动。1941 年出生的梁伟才，自幼随父习武，在武术界德高望重，曾任肇庆市武术协会主席，肇庆狮艺会长，香港青云堂武术狮艺总教练。他以渡头梁氏武馆授徒进行规范武术训练，目前徒弟过千，分布中国大陆、香港、台湾及国外的加拿大、澳大利亚、捷克、斯洛伐克、德国。经过梁伟才师傅祖孙四代不懈的艰苦努力，村中的武艺发扬光大。

梁伟才的荣誉证书和获赠牌匾
（郭剑泉 摄）

武术狮艺 2003 年 2 月 21—27 日，“香港国际武术邀请赛”在香港举行，来自 27 个国家和地区的 143 个武术代表团、共 1247 人参加角逐，比赛项目以中华武术为主。渡头村梁馆武术代表团在比赛中技压群雄，脱颖而出，一举摘取 7 个项目的 10 枚金牌、2 枚银牌、1 枚铜牌和第四名一个。其中，梁伟才获阴阳太极拳金牌和大耙、剑术银牌；梁玉麟获广东南拳、独龙棍、单刀进枪 3 枚金牌；女将梁玉玲获广东南拳、十八降魔棒、白云剑和单刀进枪 4 枚金牌；梁玉成获六合单刀、棍术 2 枚金牌和夜虎出林拳第 4 名；梁吉林获棍术铜牌。

梁伟才于 2004 年参加在加拿大举行的“世界功夫武术段位制总会”年会获得九段武术大师证书，成为中国武术最高级别证书第一人，并出任世界功夫武术段位制总会副会长。在武术狮艺方面更独树一帜，不但在中国大陆，还赴加拿大、泰国、新加坡等国家和中国香港、澳门等地区参加武术狮艺比赛都获得很好的名次。尤其是在加拿大温哥华数十万人观摩梁氏武术队的表演，多家报纸登载，获得好评。

现在，渡头武术和醒狮是青少年喜欢的一项体育运动，按国际比赛规则进行训练。狮艺精益求精，成为肇庆参赛代表队之一，可在国内外一较高低。渡头村民梁初鹏参加 2014 年在北京举办的国际武术文化交流大会比赛，分别获咏春拳第 1 名、其他传统拳术第 2 名；2015 年，广东省体育局在肇庆举办全省传统龙狮、麒麟锦标赛，渡头新一队醒狮武术团参赛获青年组传统南狮一等奖。

◎教育◎

古今教育 古代，村民初等启蒙教育一般在私塾，或家族式延师教子，属初等启蒙教育。北宋康定元年（1040 年），知端州军州事包拯开始在城北创办星岩书院（位于今宝月台）；南宋宝庆丙戌（宝庆二年，1226 年）梁霆亨曾任端州学老，于咸淳元年（1265 年）在渡头创建树德学堂（详见《学堂记》）。清咸丰二年（1852 年），黄冈、陶山、岩前三都乡绅集资在黄冈圩兴建三都书院（位于今黄岗街道河旁社区沙寮村西南），求学的村民往往到书院就读。民国《高要县志》记载：渡头村在清末建有树德初等小学堂，民国时先后改为第一区立第九初级小学校、中屯乡立渡头初级小学校、高要县东社乡第三中心国民学校。中华人民共和国成立后，实行九年制义务教育，村民子女基本上在厚岗小学（现改为端城小学）、肇庆市第四中学或端州中学念书。

奖学制度 为鼓励读书上进，渡头梁氏五世祖梁霆亨兄弟 4 人，于咸淳年间遵照父亲梁岩叟遗嘱，立下奖士条款，原文照录如下：

凡新进庠者与书金银二两

凡考府县案首者与银一两

凡进庠入第一名者连书金共三两

凡补禀者与银二两

凡每赴科与花银一大员

凡援例国学者与书银一两

凡因恩拔贡者与书银四两

凡中式乡科者与书金银拾两

凡中解元者另加银伍两

凡中经魁者另加银三两

凡每赴京会试者与银拾两

凡中进士者与书金银二十两

凡入翰林者另加银拾两

凡异路武职自守备以上谒祖与银拾两守备以下与银三两

凡援例佐集官职自州同以上与银六两自州同以下与银三两

凡援例吏员与银一两

人才辈出 自宋讫明，渡头村梁氏中考取进士的有梁夔、梁公锡，举人有梁敏、梁挺芳等 14 人，贡生则有梁祖荣、梁沛等 20 余人（详见《人物》）。民国时期，也有 2 人考上大学。中华人民共和国成立后，至 2018 年，渡头村被各大学录取的大学生有 76 名，各种人才层出不穷，不少人为国家繁荣富强做出贡献。如：肇庆端州医院主任医师梁伟宣、肇庆卫生学校副教授梁丽元、从事国家级芯片和能源研发的高级工程师梁少毅、肇庆市第一中学高级教师梁启兴、肇庆市第十六小学高级教师梁友炎。

梁伟宣

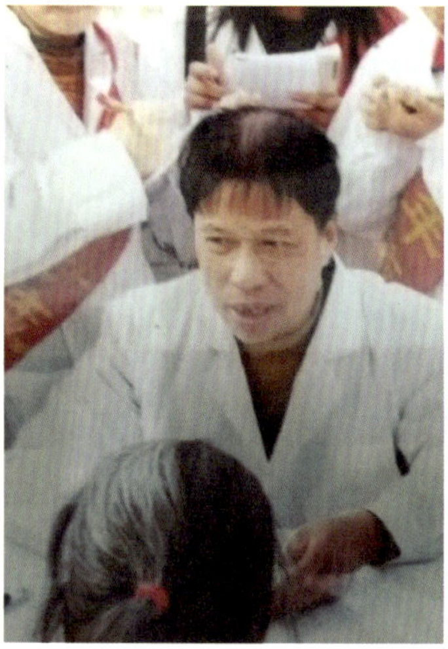

梁丽元

梁少毅

梁启兴

梁友炎

表 2 1950—2018 年渡头村被录取大学生名录

入学年份	姓名	性别	录取院校	备注
1950	梁启兴	男	南方大学	本科
1970	梁彬成	男	中山大学	大普
1970	梁伟宣	男	中山医学院	大普
1970	梁洪森	男	华南工学院	大普
1972	梁丽元	男	广东中医学院	大普
1992	梁晓聪	男	华南农业大学	本科
1993	梁卓涛	男	北京理工大学	本科
1993	钟沛荣	男	上海大学	本科
1995	梁少毅	男	华南理工大学	硕士
1995	梁晓亮	男	广东工业大学	大专
1996	梁卓锋	男	肇庆广播电视大学	大专
1997	梁少汝	女	华南师范大学	本科
1997	梁玉成	男	华北工学院	本科
1997	梁卓劲	男	西江大学	大专
1998	梁　劲	男	西江大学	大专
1998	梁有清	男	肇庆学院	大专
2001	梁景尧	男	广东工业大学	本科
2001	梁建胜	男	广东新安职业技术学院	大专
2002	梁建聪	男	华南师范大学	本科
2002	梁子聪	男	广东外贸外语大学	本科
2003	梁卓业	男	广东工业大学	研究生
2003	梁　议	男	仲铠农业学院	本科
2003	梁有光	男	广东中医药大学	本科
2003	梁少尊	男	肇庆学院	大专
2003	梁卓佳	男	肇庆学院	大专
2004	梁卓盛	男	广东轻工职业技术学院	大专
2006	梁小芬	女	华南理工大学	本科
2006	梁志尚	男	肇庆科技职业技术学院	大专
2006	梁建龙	男	广州工商职业学院	大专
2007	梁卓阳	男	肇庆工商职业学院	大专
2007	钟沛斌	男	华南农业大学	本科
2008	梁竞文	男	北京理工大学珠海学院	本科
2008	梁竞峰	男	广东工业大学华立学院	本科
2008	梁嘉迪	男	湖南工业大学科技学院	本科
2008	梁倩影	女	肇庆科技职业技术学院	大专
2009	梁骏宇	男	广东海洋大学	本科
2009	梁兑君	女	广东工业大学	本科
2009	梁建斌	男	华南理工大学	本科
2009	梁志文	男	肇庆科技职业技术学院	大专
2009	梁小梅	女	广东海洋大学	大专
2010	梁丽君	女	吉林大学珠海学院	本科
2010	梁银燕	女	吉林大学珠海学院	本科
2011	梁初勇	男	南京邮电大学	本科
2011	卫振鹏	男	肇庆学院	本科
2011	梁佳琦	女	肇庆科技职业技术学院	大专
2011	梁盛姿	女	广东科技学院	大专
2012	梁志亮	男	华南理工大学	本科

续表 2

入学年份	姓名	性别	录取院校	备注
2012	伍少敏	女	天津中医药大学	本科
2012	钟丽然	女	广州大学华软软件学院	本科
2012	钟沛铿	男	佛山科学技术学院	本科
2012	钟赞烨	男	广东轻工职业技术学院	大专
2012	钟荣朗	男	肇庆科技职业技术学院	大专
2013	梁淑君	女	华南理工大学	本科
2013	梁嘉琪	女	华南农业大学珠江学院	本科
2013	梁静君	女	广东技术师范学院天河学院	本科
2013	周燕珊	女	吉首大学	本科
2013	梁卓晴	女	广东工贸职业技术学院	大专
2013	梁少荷	女	华南师范大学	本科
2014	梁盛钿	男	广州商学院	本科
2014	梁竞娴	女	韶关学院	本科
2015	李嘉烨	男	嘉应学院	本科
2015	梁家锐	男	南华大学	本科
2015	伍家宜	男	广东技术师范学院	本科
2015	钟梓君	女	广东财经大学华商学院	本科
2015	钟成汉	男	北京语言大学	大专
2015	钟锦健	男	广东工商职业学院	大专
2015	梁卓裕	男	肇庆工商职业学院	大专
2015	梁卓轩	男	广东海洋大学	大专
2016	钟润峰	男	广东工业大学	本科
2016	梁汝欣	女	广东理工学院	本科
2017	梁卓珊	女	华南农业大学珠海学院	本科
2017	陈志彬	男	广东石油化工大学	本科
2017	梁俊锋	男	东莞理工学院城市学院	本科
2017	梁誉腾	男	北京理工大学珠海学院	本科
2017	伍少敏	女	广州中医药大学	研究生
2018	梁可欣	女	北京理工大学	研究生
2018	钟钰冰	女	广州大学华软软件学院	本科

说明：该表包括户口迁出渡头村，但还在渡头村居住的土生土长学生；表中非梁、钟姓学生，均为户籍留在渡头村的外嫁女之子女

风土民情

◎风俗◎

乞巧 农历七月初七夜，称为“七夕”，别称“乞巧节”。姑娘们一般于每年农历七月初七拜仙女，意在迎接仙女下凡。在人们的心中，织女是个勤劳善良、心灵手巧的天仙。故于七夕当晚在明朗的月下，摆上一张桌子，桌子上面置茶、酒、水果等祭品，又有胭脂水粉、鲜荷花几朵、几束红纸插在瓶子里，鲜花前面置一只小香炉。然后，姑娘们焚香朝着织女星祭拜，向织女乞巧，乞求天上的织女能够赋予她们聪慧的心灵和灵巧的双手，让自己的针织女红技法娴熟，更乞求爱情婚姻的姻缘巧配。焚香祭拜后，姑娘们一起围坐在桌前，一边吃花生、瓜子等，一边朝着织女星默念自己的心事。一直玩到半夜始散。

开丁放炮 农历十月十五抢炮头。由当年出生的男丁户提供烧猪、果品、鸡蛋等，集全村人放炮头庆贺。“轰”的一声，一个特制的“炮头”冲天而起，腾空二三十米后落回地面。随着炮声一响，人们的视线努力搜索那只上升后又下坠的炮头。当下坠的炮头临近地面时，人群都朝着炮头向下坠的地点蜂拥而上，无数的双手伸向天空，希望在炮头落地前能抓住炮头。但因人多拥挤，你争我夺，往往谁也抓不到，小小的炮头在人丛罅隙中落

渡头村的水神庙（郭剑泉摄于 2019 年）

在地面。于是，人们便转为低头找寻，几个、十几个人在一点上抢夺炮头。围观的村民不断地鼓掌、鼓噪和欢呼，掀起一阵阵高潮。经过一番“搏斗”，最后是胜利者高举抓着炮头的手，大呼：“我抢到啦！”然后，凭着炮头去领取物品。当日，家家户户设宴款待亲朋好友，非常热闹。到了民国时期，时局不稳，这项活动至 20 世纪 40 年代逐渐消失。改革开放后，村民将农历十月十五称为“水神诞”（道教神祇下元解厄水官洞阴大帝圣诞），家家户户各自到村中水神庙祭祀求福。（注：水神庙曾于 1969 年整治景福围大莲塘堤段时被拆毁，改革开放后才于梁氏祠堂西侧重建。）

嫁娶 又称为“红事”。姑娘择日出嫁。择时辰梳髻，称为“上头”。出嫁前三天都要“哭嫁”，以哭唱的形式表达自己出嫁时的感慨，称为“唱嫁”或“哭嫁”。如：“阿乸（母亲）你出来睇下个顶花桥咁好呃玻璃呀！哈兮！你啰猪头重系啰女累吧妹！哈兮！今朝我重系梁家女，明朝就是另家人呀！……”接着，下来就是姑娘随意舒发情感的哭唱，声调的长短、快慢、强弱、起伏造成一种韵律节奏，表达自己对娘家的感情。由于姑娘对包办的婚姻不满，又无法摆脱内心积聚的哀怒、愤恨、痛恨之情，无处申诉，无处发泄，则用“骂嫁”的方式宣泄。无论是姑娘骂谁，只得任由她哭骂而不得阻止斥责，被骂得越厉害越吉利。

殡葬　又称为“白事”，分为“哭丧事”与“喜丧事”两种。长者寿终而死，称为“喜丧事”。出殡之日，要用一条长红布，一头牵在棺木，子孙各执红布跟随在后面，称作“拉红”。敲锣打鼓吹唢呐，一路浩浩荡荡出殡。

渡头村殡葬形式，过去主要沿袭汉族土葬形式，重殓厚葬，葬礼盛大隆重。1968 年 5 月，肇庆市火葬场建成，开始推行火葬，村民逐渐习惯政府提倡的火葬制度。

五里路六名山地图（梁洪森提供）

始祖墓葬于羚羊山北岭的练教山（又名马脑山），二世祖葬于蓝塘之醉翁山，三世祖葬于高明冲霄凤山，四世祖葬于沙甫桃溪都冷水坑将军山，据说均是宋朝擅长看风水的赖布衣点穴。族谱记述，宋徽宗年间（1115 年），学正梁岩叟筑卢墓于高明县大幕都水尾村冲霄凤山，守孝三年，“盗寇过而不犯，虎狼遁而不惊，名闻朝野而颂歌”。之后便有高明五里六名山，位于高明新圩镇之东，东行过河涌经梧桐村、水尾村、歌乐村约五里路之遥，高人点穴，葬有六穴渡头梁氏先祖墓。第一

位于高明新圩镇东方的冲霄凤山渡头梁氏三世祖墓（山腰中心位置，梁洪森摄于2004年）

山冲霄凤山墓，是三世祖梁汝器夫妇合葬墓穴；第二山墓称牛眠春草，是第九世祖梁祖成墓穴；第三山墓称鹅公哺卵，是第九世祖梁祖志墓穴；第四山墓称浮云拱月；第五山墓称猛虎擒羊（即猪暗湖山），是第六世小湘爱村开村祖梁日增墓穴；第六山墓称王侯坐车。家规有训："清明节届，子孙拜扫之时古往今来之礼。此日赴祭始祖梁夔公中议大夫马脑山墓；次赴祭二世祖梁卞公宣义郎醉翁山墓；次赴祭三世祖梁汝器公承务郎冲霄凤山墓；次赴祭梁岩叟公学正将军山墓；次赴祭各房公山墓。百千万年、百千万世不可先其所后，后其所先，如近山顺路即行，权以祭之可也。"

每年的春秋祭祖扫墓，都要雇船经由石州渡，即由宋隆水口入沿河涌直往高明新圩上岸，整理衣冠带上祭品到各山祭拜，以表达念祖之心。春祭的时间一般在清明节；秋祭的时间一般在阴历十月；家族的祭祖，择一个吉利的时辰，举行祭祖典礼，祭品是茶、酒、白饭、烧猪、生果、如龙（年糕）、禄堆和斋菜等。祭祖程序：焚香、点烛、烧元宝、放爆竹，依辈分、年龄的先后拜祭。祭祖日灯火长明，香烟不绝。

◎方言◎

地方土语 说话以地方方言为主，但承习一些土著的语言。比如：“前面”“后面”讲成“文先”“尾底”，“水满”讲成“水沦”，“膝盖”讲成“波罗盖”，“妇女”讲成“夫乸”，“母亲”讲成“阿乸”，“那个人”讲成“乜谁”等。这些土话都与广州方言有所不同。另一方面，儿歌里的土话大都与生活有关。例如：“点脚捞篱又捞篱，公公上树摸柴皮，柴皮辘落峡，峡口有人捞，乒铃班烂（乒乒乓乓），走上南山，南山有草，猪公吃草，猪婆吃饭，吃剩一人扒一啖。”谜语如：“圆圆过月，扁扁过瓦，吾压男人压夫乸，压在肚脐下。（打一物：筛箕）”这些朴素的语言都是来源于生活，构成了独特的乡村风情。

方言词汇 有一批地方特色词汇，与肇庆城区基本相同，与普通话词形有较大区别。

名词：嘢（东西）、喼（皮箱）、褛（大衣）、水脚（路费）、夫乸（成年妇女）、凼（坑洼）、马蹄（荸荠）、马骝（猴子）、百足（蜈蚣）、偷盐蛇（壁虎）、细蚊（小孩子）、螳蜞（蜻蜓）、蛤乸（青蛙）、地交（门槛）、蒙松果（木瓜）；阿爷、公爷（祖父），孙郎（孙女婿），阿麻、阿奶（祖母），家公、大人公、老爷（家翁），阿公、公低（外祖父），家婆、奶奶（家姑），阿婆、婆低（外祖母），舅仔（妻弟），老窦（父亲），大舅佬（妻兄），老母、阿乸、老乸（母亲），老襟（妻之姐妹夫），外老（岳父），事头（老板），外母乸（岳母），喃呒佬（男巫），心抱、新抱（媳妇），鬼乸婆（女巫），郎家（女婿）。

动词：拶（拿）、揾（找）、劏（宰杀）、嬲（生气）、瞓（睡觉）、拍拖（谈恋爱）、执笠（倒闭）、企（站）、喵（哄骗）、冚（盖住）、孭（背上）、踎（蹲下）、呃（欺骗）。

形容词：嘥（浪费）、靓（漂亮）、鹘突（难看）、攰（疲劳）、叻（能干）、啱（对）、论尽（愚笨）、老道（经验丰富）、老积（成熟）、奄尖（挑剔）、牙烟（危险）、孤寒（吝啬）、巴闭（了不得）、白厌（淘气）、咸湿（下流）、滋油（慢吞吞）、禽青（匆忙）、奀（个子小）、后边（末尾）、的色（小巧）。

代词：佢（他）、咁（这样）、乜（什么）、点（怎样）。

量词：一孖（两个）、一矮（一部分）、一的（一些）、一廉（一瓣）、一旧（一个）、一只马（一匹马）、一部书（一本书）、一眼针（一根针）、一眼塘（一口塘）、一粒鱼（一条鱼）、两兜竹（两根竹）。

副词：灵舍（格外）、晒（完全）、滞（太过）、不褛（从来）。

白话保留古汉语中的单音节形式。如：牙（牙齿）、须（胡子）、呕（呕吐）、咳（咳嗽）、衫（衣服）、眼（眼睛）、知（知道）、翼（翅膀）、镬（铁锅）、蟹（螃蟹）、惊（害怕）、窗（窗户）。

与普通话词尾不同，或没有词尾，鼻哥（鼻子）、凳仔（凳子）、我哋（我们）、虱乸（虱子）、鞋（鞋子）、篮（篮子）、兔（兔子）、杏（杏儿）、尾（尾巴）、椅（椅子）、扇（扇子）。

构词词素与普通话一部分相同，另一部分不同。如：听日（明天）、天光（天亮）、天时（天气）、山窿（山洞）、冻水（凉水）、水凼（水坑）、出年（明年）、家私（家具）、粟米（玉米）、浸死（淹死）、影相（照相）、师姑（尼姑）、颠狗（疯狗）、输赌（打赌）、思疑（怀疑）、着棋（下棋）、波罗盖（膝盖）、鸡窦（鸡窝）、几多（多少）、污蝇（苍蝇）、较剪（剪刀）、立乱（胡乱）、得戚（得意）、阴湿（阴险）、直情（简直）、执色（执拗）、火烛（火灾）。

与普通话词素位置倒过来。如：欢喜（喜欢）、人客（客人）、千秋

（秋千）、猪公（公猪）、狗乸（母狗）、菜干（干菜）、紧要（要紧）、挤拥（拥挤）。

词序的特点，能愿动词后置。如：唔讲得（不能讲）、唔吔得（不能吃）、唔话得（不能找到挑剔的地方，即十全十美）、唔抵得（不能控制）、做得（能干）、行得（能走）。

形容词或动词状语后置变补语。如：吔多一碗饭（多吃一碗饭）、买几个添（再买几个）、吃极都唔肯（再三恳求也不答应）、我走先（我先走）、叻晒都有限（再聪明也有个限度）、唔红乜滞（不怎么红）、蓝得滞（太蓝了）、百厌得滞（太俏皮了）、饭宿晒（饭全馊了）、甲大过乙（甲比乙大）、煮翻热（再煮热）、洗翻干净（重洗干净）、我来亲都见到你（我每次来都见到你）。

双宾次序与普通话相反。如：俾一文钱我（给我一元钱）。

艺文 杂记

◎诗歌◎

宋代诗歌

从南雄招二十九姓到端州落户

梁下

严谢刘何黎莫唐，冯罗陈邓苏程张。
梅黄伍马杜覃麦，李白陆龙林赵杨。
歌乐茶山村日远，梧桐水尾洞天长。
兼于仓步谭家老，后世难忘刺史梁。

作者梁下，渡头村人，宋治平丙午举人，任宣义郎。

从南雄招六姓到端州落户

梁汝器

生在雄州住在端，萍踪乔木庆流传。
承家慷慨皆仁瑞，奕世阴功兆凤鸾。

沧海月明珠灿烂，乡村风暖物盘桓。
宾周钟廖曹蓝颂，刺史梁公万代官。

作者梁汝器，渡头村人，宋元祐丁卯举人，任承务郎。

明代诗歌

端溪杂咏

梁敏

秀拥春华丽晓晴，巍峨气势截苍冥。
石梳苔发堆螺鬓，露渍蓝膏湿玉屏。
涧谷长留烟草色，松筠犹是岁寒青。
天然一带直图画，观览无须出户庭。

赠友人端砚

梁敏

开云凿山骨，磨出石中奇。
其结陈雷谊，操心常若斯。
火点羊肝紫，金星鸲眼圆。
将心赠离别，留得久磨研。

沥湖采莲曲

梁敏

放莲船，采莲花，星岩东去是侬家。罗裙绮袖披明霞，拈花弄叶声咿哑。花红叶绿令伊羡，莲叶遮头花映面。轻摇玉腕橹声柔，叶渚花潭尽游遍。摇风荡日垂柳荫，莺歌凤吹行清斟。良人作客动经岁，几度采莲秋向深。秋向深，日将暮，少年能几何，光阴每虚度。藕丝不断为情牵，却问莲心为谁苦。回瞻紫陌控骅骝，伊家夫婿亦风流。妾身本是良家子，莫将言语轻相投。湖边酒家几茅屋，湖上采莲舟陆续。鸳鸯结匹雁联飞，泪湿红颜眉蹙蹙。眉蹙蹙，惜别离，采莲欢乐翻成悲。沥水湖边烟草合，石室岩头云片飞。去年采莲有谁在，今年采莲人更稀。年年岁岁莲花好，岁岁年年人易老。行人昨日带书回，夫君已发长安道。长安道，何当还，莲叶莲花换几番。移船摇橹还家去，手抱琵琶那忍弹。

崧台春霁曲

梁敏

莺啭翠微晓，香风荡林扉。城郭已春半，新晴绚芳菲。歌亭酒馆障帘幕，花衢柳巷分如綦。千金鞍马纵行赏，尽是官家年少儿。天开琼筵俯流水，羽觞飞酌延春晖。城南薄雾歌吹作，月上花梢犹未归。

作者梁敏（1354—1450），字以讷，渡头村人，历官清远教谕、宛平丞、左春坊左赞善。

神符岩

梁瑜

白头未尽登临兴，最爱神符远俗埃。

松石转阴移客坐，山花含笑傍人开。

一行白鹭云间绕，两袖清风天上来。
王霸古今浑瞬息，等闲寻乐重衔杯。

作者梁瑜，渡头村人，明洪武辛亥拔贡，任江西按察司佥事。

现代诗歌

渡头咏

谢远谋

少年常游地，今始易知闻。
北宋开高第，东湾据要津。
巷盈新市色，塔兆大江魂。
行处飞花雨，端城第一村。

作者谢远谋（1949—），字克之，端州区人。肇庆市星岩书院院长，肇庆市文艺评论家协会副主席，肇庆市社科普协会副会长，肇庆市道教协会监事长，端州区史志办特聘顾问。

◎楹联◎

祠堂楹联

端海南朝宋水新江松秀芬芳龙象舞
星山北跃元魁景福杏花香放凤鸾鸣

广爱亭楹联

煮茗陲时行客藉兹姑疗渴

息鞭得地何人到此不停踪

地不过三弓风雨飘摇能立足
水不嫌一勺人情饥渴要思源

茶执泉清　味同甘露
亭幽林茂　座此薰风

广爱亭楹联和牌匾（郭剑泉摄于 2019 年）

◎序◎

梁氏族谱序一

高要县渡头梁氏北山先生有初祖讳夔者大宋咸平元年第十九名进士初试南雄州判后起河南监察御史两敕端州刺史体天地生物之心无一而不心乎民物首重劝农其意以为衣食足而后善心生则其为养不外乎教之道也其教养已久沦浃人之身心故端士民感德至秩满日累奏敕留历任卒时一十一载乃郎卞年小随巡历观经历处所可为养生田业发家人长庆径行南雄州里招呼二十九姓来此高要攻闲辟荒子孙遂奠其居乐其业也刺史夔至于北山学老霆亨传世愈远而子孙愈盛隐而抱道者八九十百岁耇修身谨行者教子训孙以昌厥后源源而来仕而行道者泰山嬴长金紫银青中议大夫宣议郎承务郎官直学学正学老列职源源而出世为世家者无有右于其家也故有是家然后有是谱焉夫谱所载非虚文故事乃世系相承支派流分慜娩生卒行实懿美咸记备录著之于篇以垂于后俾后之子孙有所稽而知所本也道契北山集成是谱命其苍头之后卢书童苍甲之后谭亚狗每走书告予爰予一言以冠于首予才虽劣笔虽蹇未足为梁氏谱之发扬原公之用心非仁者孝弗克如是之至忱安可已也而不序乎虽然岂恃己聪明作己文章亦惟取法吾祖龟山暨我大儒真西山以述北山世系由来用心仁孝实德事耳北山仁孝若是则世家之庆泽有引而无替愈发而愈隆父焉而慈子焉而孝兄焉而友弟焉而恭夫焉而和妻焉而柔世世相师子子孝弟孙孙爱敬则名登是谱咸懿德善行而将来之荣愈昌愈大殆十世至数十世百千万亿无疆之世岂但今之世云乎哉吾杨之谱西山真先生之所作也公梁氏之谱又吾德之所序也与

大宋嘉熙元年岁居丁酉秋八月吉旦

赐进士第翰林院学士长归田老农契生蒋乐杨德谨序

梁氏族谱序二

高要多巨族若论其盛则未有过于北岸之梁氏者也梁氏之先莫于考其所自盖初有祖刺史讳燮其来迄今既十世矣子孙繁硕其以才学行谊甲乙科第为宣义郎一人承务郎一人同知一人府判一人参政一人登朝为东宫官一人前后领教于郡于邑者六人由太学出宰百里者一人出佐邑令者二人为主部二人县尉一人凡十八人其不由选贡而以他才叙用者凡三人呜呼视之他姓可不谓之盛乎其族应当有谱然因兵火荐更无所证据春坊乃郎端玮念夫木本水源之义恐愈久而难稽故于燮之先莫之考者则不敢妄援以断自知以燮祖为始系序之承传支派之分异出也处也穷也达也详著为图用垂于石问以示序曰吾宗族虽蕃衍亲服虽穷尽而同所自出也倘子孙原其用心则愿为我序之嗟乎欲明尊尊之义必重其本之所自出欲立亲亲之道必详其支之所由分尊尊亲亲仁义尽矣是故敦其本而后其末斯茂浚其源而后其流始长世家之泽有引而无替者未有不由子孙用心之仁且孝也仁人孝子之用心亦惟尊祖敬宗而已尊祖敬宗岂出于仁孝之外哉观其用心真仁且孝矣夫以此图之作不忘其所始则登斯谱者其可忘其所本乎中庸有曰亲亲仁也继述孝也夫如是其于仁孝又何加焉今而后为梁氏之子若孙宜体此以存心宜修此以行已斯可以登载是谱而无愧于其先也观书所称聿修厥德追配前人端玮宁不望于来裔乎故为书此以告之尚无忽诸尚懋勉诸

大明宣德四年岁在己酉秋八月望日吉旦

赐进士第翰林院编修文林郎兼修理国史同邑钟瑛顿首拜书

墓庐诗序

学正先生闲夫乃端州两敕刺史梁公燮之后也闲夫先尊承务郎汝器公先

母孺人莫氏葬于高明水尾村冲霄凤迳山之原筑室于场痛居三年孝心纯笃闻诸朝野名公巨卿皆有以咏其孝思之忱于以表其双亲有贤孝义子诗集成秩众命予叙一言于首予虽不敏叨老成先达所命遂不敢以不敏辞呜呼天经地义莫先于孝也孝者人子当尽天理当然无毫末分外岂待于诗以诵歌以咏乎盖人子于孩提时本心纯一无不知爱其亲痛其亲食思其亲息思其亲起思其亲居思其亲无时无处不心乎亲及其长也天理日消人欲日萌无伪之良心斫丧好货财私妻子不顾父母亲虽流离困苦而不知饥寒疾病而罔觉逮夫亲没气才稍泯目适双闭酒奕是耽柩尚浅土骸未深壤而逸游是好矧于墓而能庐乎惟闲夫为子当亲存也凡事亲之所当为而力能为者不尽心无不竭力不知艰苦力能为而不当为者此心犹惓惓然悬悬然至亲没也一哭流血附诸棺者必诚附诸椰者信无少欠缺奉亲人世之始终尽矣其心尚以为不足犹结庐于墓昼夜号哭无时或替追慕困极肌体消瘦面菜色而声焦枯心恼闷而神丧荡以故我辈以彼为子之心触我为子之心詠歌誦诗或长篇或短什记其伤感之情发其思慕之心诗歌厥意盖油油而生不可遏矣奚得而不诗乎歌乎时天大旱陂塘井甃皆焦独迳源而不竭草寇西流村落闾里咸患独墓庐而不犯虎党夜游群狼日走亦悉远避而不惊乎墓庐处所是何也盖闲夫孝感所致而然也噫仁人孝子上以感乎天下以感乎人强而贼子兽而虎狼亦无一不感是之独归于孝子而无与于慈亲乎抑亦父敷其遗德之孝积善之庆致有闲夫善承之耳闲夫孝子如此则父母之在地下可得而瞑目矣闲夫之声闻于人也可传于天下后世矣岂但一二脍炙闾里口舌称美云乎哉痛书为序

大宋绍熙元年岁居庚戌春王正月上元吉旦

赐进士第集贤院学士东莞程邦佐谨书

又墓庐诗序

人之为人产乎天地出自父母恨无千万载怙恃居处得侍膝下然后快于仁人孝子之心也奈何人生以百岁为期而能百岁者几何人欤闲夫先尊善积庆集享年七十八公竟历官于外二十有四五年晨昏甘旨违乎膝下罔极深恩莫报乎毫发一旦长逝归乎后土此心怅然无能已也故曰树欲静而风不宁子欲养而亲不待可哀可惜于是结一庐于墓置身心于中号泣追思朝呼天而暮叩地食不安而息不宁时有草寇流动众皆惊惶公处于庐但知哀慕而不恤夜有虎狼群行人为忧变公居于庐但知哀慕而不顾此心意惓惓于亲切切于墓由是远而一国天下闻而知闲夫之孝者近而郡邑闾里闻而知闲夫之孝者耳目心思人融是孝悉诗之歌之既有大笔叙冠乎诸作之首矣愚才虽劣笔虽鄙亦敢一言于简末呜呼诸公之咏徒知闲夫之孝而不知闲夫之孝有自来矣闲夫之孝踵于家闲夫先尊承务郎适时搥髻乃祖宣义郎宦游于外道经广西浔州草寇拘李儿殒躯命乃尊奔赴贼伍正言厉色曰为臣死忠为子死孝吾虽偷生窃视父死奚安于心何面于世愿代亲死彼彼赤眉尅尅心肝虽至不仁而一时见其父子天恩之良本然发见幸以什之犹还以远宦行李反赠以掳掠大薪布帛钱谷先母莫氏行德全备严肃闺门言不轻出行不轻动事舅姑咸秉实心待女姒一以礼法姑久疟疾隆冬雪夜闻呼未赏一声失应叫汤未赏一杯有遗床头靧面未赏早晚离间姑曰手寒而手不离手足冷而手不离足闲夫父母孝其极至若此所以致有闲夫之为子如此也噫梁氏有如是为子之亲于当时斯有如是为子之子于今日父子孝义于一门庆流于万世无疆之休也不然何以诗曰孝生孝子孙生子子子孙孙孝一般

大宋绍熙二年岁次辛亥冬十一月长至吉旦

赐进士出身总政使南海闵崇仁谨序

◎记◎

记功

汝器生长斯世适年一十有五立谭先传门下年假春初谨承严命记功器不肖久蒙家教又被师训义不敢辞昔日怀来于端二十九姓二百七十男口分处二十九地标以五六头甲共督开荒将谢景福使甲对村等处辟荒三十九年力田三百五十余顷陈冬弟俾甲水坑等处年租钱累无私于分文谭成住之守仓步仓甲广西流贼皂幕土寇流刼乡村夫妻効守悉被诛戮幸存其子初二七岁何有过之克乾门户彼广西浔州本地泷水运粮迎饷云芦汎丑获之于巢妻之有子归刚九岁总理家务大而冠婚丧祭小而岁月度用量入为出丰俭适宜固吾宅东之干役覃奴仔也随父于官清远土寇流劫掳父儿殒躯命彼救被戮而父得归又吾宅东之家人卢长庆也呜呼从我于端二十九姓姓非一人人非一功而皆受成于谢景福也亦悉随其功之大小而大小之功报既矣惟兹六人尽心竭力不避捐躯殒命卫我门墙是功之尤者又大有功于吾家也苟徒称美于口而不笔之于书则我之后世无以知彼之劳保彼之后也独不观诸书曰记功宗以功作元祀孟子曰仕者世禄是君子有功于天下者则有功于天下之报如此也夫有功于私家者岂不有功于私家之报可乎噫！能于私家之报则与戮力尽心于我有宋太平盛世也可知矣故各与以田谢谭何卢七顷陈覃五顷报其功于以终其身垂其后凡我之后世其后励其后人人趋事于吾后世世赴功于吾后

大宋崇宁二年岁次癸未春正月初吉旦不肖男汝器谨识

家状

生也霆亨性虽不敏学虽未充昔为司教时常与门生相长四书六经大义所

以谱谍未暇编集今归田余年闲日得以专考吾系出自泰山嬴长，唐金紫艮青后晋兴元判中叶疑信未审不敢轻叙以诬前代诳后世弟而真知始一世祖讳燮字汝和号梅峰其行也二大宋真宗咸平元年戊戌进士第十九名初试南雄州判后起河南监察御史两敕端州刺史中议大夫虽未民牧之德允若亦克教养一二于端故端士民感德至秩满日累奏敕留历任一十一年后曾祖父下思其少随巡行劝农经历地方可辟养生田业发家人长庆径行南雄州闾里怀来二十九姓二百七十男口于此高要艰力三十九年田就三百五十余顷入于家输于国于是渡头之家永奠也兹欲传信将来尤恐无证谨状献于缙绅大夫立言垂世者伏望为序雄文宠锡以昭示生之后世子子孙孙源源而传焉

大宋咸淳四年岁居戊辰春王正月元日侍生梁霆亨百拜谨状

学堂记

士之为学贵有所居斯能成其学士不居学则夺于外诱有不笃外虽勉而中无意味奚可乎哉今学老先生年虽六十罔觉六十犹且孜孜朝夕会计倡其子弟侄孙以此堂扁曰学堂呜呼人不学不知理为人子方少时洒扫习于斯应对习于斯孝弟忠信习于斯礼义廉耻习于斯以至大学之道精义入神之理与夫天文律历法书算数无不习于斯人之为能居于斯学则志无不笃学无不就理无不格由勉然而至于自然由士可以希贤由贤可以希圣矣是堂已成子弟侄孙之学已成来请予记予以不敏辞春正月至秋八月又请予见其心一 于是遂不愧为不敏而强之为记

大宋咸淳元年岁居乙丑春三月清明吉旦

赐进士第礼部主事程 文谨书

时祭田地园塘记

学老梁公乃郎霆亨棒杖泣而告于曰霆亨先考欲立时祭田地塘园言而未果天年忽终矣窃惟恐愈久无以承先志示将来兹谨领父命立之愿求一言记于石鉴于祠笔于书庶使后之子孙知先祖之心而永远有所遵守也呜呼公之先考吾之先达素所景仰义不敢辞按公状先考临终欲立时祭田地塘园费克笔之于书口授公之兄弟四人曰先世时祭田地塘园俱随分而随所有矣今吾终矣清明时祭无以为需合将头溪都大坑头黄布等村名曹家迳芦荻头等处田种三十六石余该租谷一千一百七十余石湾头园一个住宅一所钟婆塘一口黄泥塞一带大约该租金壹佰贰拾五仟文然此亦不克尽而用之凡宗族之贫困衣食不周者嫁娶不能者死葬不克者推以济之于以笃同宗之义也呜呼公之先考立天地间则与范文正公同心同德者也宜表于石昭示将来夫是田地塘园未易造就上托天地者培之之功力复赖祖宗种德发生之根基抑亦守已平生本分之心地然后致是也岂可易视哉为子为孙当思先祖之心勤以力之俭以用之春秋时祭清明节届丰其牲仪厚其时物暨宗族衣食不周者赈之嫁娶不能者资之死葬不克者助之勿肆妒忌勿违祖训若然则继述之志斯有成同宗之义斯益笃春秋之祭无失时清明拜扫无愆后宗族依食无失所失婚姻嫁娶无过期死葬棺椁无失措先考游于地下无所憾公辈生于世上无所愧而我感激之心益恳切撰记之文益得旨勒之于石益不朽嗟夫予谓不朽者非谓石之不朽文之不朽正所谓公也承先志以垂后世警人心以起孝思亿百千万无疆之世不朽也是为记

大宋咸淳六年岁居庚午中秋吉旦

赐进士第南海县知县文林郎盛世顿首

世德宗祠记

君子之居室也宗庙为之先盖所以尊祖重宗以事神士一庙以祭其先庶人祭于寝古道也梁君东齐至孙连为郡县学官列于士版则立庙固宜于是岁时祭祀之礼冠婚丧葬之节必告诸庙而后行梁氏聚而居是乡者逮且百余家人且百余年矣世为孺科代不乏人乡人敬而爱之非仁而好礼者其能若是欤贤者则之邦人化之新作祠庙而求予记之予谓祠之设乃所以致时思而敬宗也士无庙而求寝可乎哉今梁氏族大且蕃必第其长幼之节尊卑之序而无庙有礼是无本也礼为本仁之大端其所以养生送死事乎鬼神而无疑施诸宗庙而不悖仁义之本也不本于义不讲于学则尊卑之序何由而分亲亲之义何由而施固必本之以义而合之以仁则父子笃兄弟睦夫妇顺而家道成矣歌于斯哭于斯聚国族于斯其善颂善寿之谓乎予因梁氏祠堂之记予深有所感焉予先世居蜀自先承相忠肃公大有勋劳柱国相宋高孝二庙宣府四川而梦招位在蜀与浙皆有赐庙祭器岁时之礼子孙千指随长幼之序而为班次者予兄弟居江右者五六人耳子侄妇孙近五六十人又悉皆逐鹿四方有不得而齐焉又安能如梁氏聚族世居休养生息含煦太平之世父子兄弟之为乐也且子孙又众多仁人之泽而悠长也故盛德者必百千万亿无疆世之祀信已哉予于是深有所感激也抑亦重有所叹羡也是为记

大元仁宗皇庆五年岁居丙辰冬至吉旦

赐进士第奉命守端州前户部郎中史臣谨书

驻马亭记

伟哉竭基驻马亭迁参政公仁人孝子之所建也是亭也卓乎五马古宛之前篦八窗高启鼎湖铜鼓诸山岭羊星岩崧台江水绕绿苍松翠竹行行异卉奇葩郁

郁和风透座丽日侵窗鹤鸣鹊去彩霞红是皆亭台景致四时长春大元大德戊戌冬十一月念有四日经始郡守薛公县令唐公乡之贤士大夫仁人姻戚李公辈邻里菊尧农圃山摇水蛋马初二等同具是心靡不有所感激且以攀干力役之功一越月而落成矣郡守喜之率其僚友暨及吾齐辈竭诣是亭时命予记之予谓是亭岂欲游观逸豫好为是举耶尽欲其清明节届春秋时思林林子孙竭墓拜扫或辂车乘马人力至是倦马力至是溃而渐停息也抑或严整衣冠捡点牲醴而然也嗟乎是亭之举人皆以为易吾独以为难人皆以为卑吾独以为高人皆以为小吾独以为大夫何此一亭有难易高卑大小之别欤噫吾尽知之矣然诚有是孝思之心也冠今也其的怪为难为高为大人其知之人莫及之也不然敬徒拘拘于事为之末者潜心于峻宇巍楼容志于高堂广夏徒快心目而已敬安滫躯而已奚暇此为岂不为晚且卑小也哉又言人之生也产乎天地出自父母但知以事生以为孝殊不知事死尤为孝彼死之远者人所易忽易忘也兹设是亭有报本追远之心有事死如生之实意则不忽其所易忽忘其所易忘也于是立身天地府仰无傀斯名之为人称为人矣有名实如此相称也耶远而稽诸古古有宜休翼然纳清枕香近考诸今今有双瑞双梅锦坡九曲华丽极美但不如驻马亭朴素浑坚孝心攸寓至理所存故勒于石用垂不朽使公之后也子子孙孙谒是墓登是亭摩是刻孝是之心大有所感发

大元大德三年岁居己亥春三月清明吉旦

赐进士第江西儒学提举南海方端仪谨书

星岩书屋记

吾邑王德安氏性敏好学以家居城西厌市鬣之扰乃卜筑星岩徒居之冀以养其心成其学也岩去城数里巉岩含岈崋屹磅礴若奔若止若起伏布列七星状故名焉中有洞穴豁然从广可数十步敞达若堂室宦游旅寓孰不往观诚天造地

设为一郡之名胜也若夫情晖翠崖丹霞赤壁列窦通泉洞门长辟岩柱发而秋香瑶草生而春碧对此则心怿而神怡淡而忘欲也至若村屯散居映带左右群山叠现联络后溪澄清而鱼肥土沃润而苗秀睹兹风物可览驾然出游也环区嘉木竞秀庐舍整顿过其门苔迹甚稀绿阴满地童子守扃庸夫俗子莫造其亭矣入其室左右图书卷帙盈案闻清淡歌咏之声则荐绅之徒举列于席矣德安以静专为学学成而德业信于人声誉闻于有司遂膺茂才举洪武癸酉乡试历任桂臨会稽司训时余亦赴乘繁昌后调宛平貌若参商之隔永乐戊子冬余入侍东宫又二年德安由秩满来会于京执手嘘唏不觉流涕语竟乃出图视余求为记顾余宦游一纪见图如见风土如昨恶得无言然斯岩人咸悦而往观之未闻择而居之者其有待于德安也岂偶然耶虽然达不忘穷出不遗处宜常展图熟玩睹崖之高则思尚吾志而不杂于物庶几吾儒德业之助实吾端山水之光也盖地有因人而胜者如莘野之耕傅岩之筑渭川之钓列呈出处之大而地之名胜遂与霄圵俱德安诵法古人必兴思齐之念勉其策勋立名垂裕于后则星岩虽硁然之石亦赖之增辉矣以俟后云

大明永乐戊子左春坊左赞善梁敏撰

修厚载祠记

景福祠者塔下一福地前景侯所建奉佛镇妖保堤庇民者也景侯治滋邑一切善政准古良吏所为不涂饰士民平日作无益功果以广福田其留心民事凡河堤水窦早涝蓄泄之所关赋命充诎之所系则切切注神明务为缓急有恃绸缪之计虽积疑事幻形亦据信端而预为之所之祠之所由建也旧塔下一小滩类鹅颈号飞鹅嘴下为白莲塘历传有鹅怪伏塘内白日出引项攫谷食溺人舟乘西涝辄陷堤坏人庐墓田畴居民患之白其状于景侯时正夏涝惧堤塌侯下谷祷于水得无恙是岁大稔固建祠其上塑大士佛像镇之并刻鹅状印其背祝口自今依佛无

得复为民害乃拨鱼苗三埠豁其征给僧奉香供自是鹅患不作民以永宁众名祠为飞鹅祠又念侯之福民者大从其姓而颜之曰景福景福二大字摹星岩石洞所镌唐李北海遗笔异哉由唐迄今相距千有余岁北海一时之笔何以若预为祠设而以待景侯来也岂偶然哉侯后入为少宗伯越今三十余年墟长每岁于此议堤事辄颂侯弗衰顷祠久渐颓众请于今顾侯而谋修之即于祠旁立嵩压书院以祠景侯顾侯谓民事之重恃此堤堤事之集所藉以议者此祠祠之兴废关堤之安危况景侯遗爱所存而圣朝万年巩固之祝良吏甘棠之泽皆具于斯修之不宜亟乎经始于雍正十年壬子冬讫癸丑夏祠乃重新

江西新建刘斯组撰

重建景福祠碑记

粤稽景福祠原名厚载建造于景福围面乃少宗伯东旸景公宰邑时所建其景福围者护城堤也去城数里相传江中为飞鹅潭有物能为祟康熙四十年五月大水堤裂四十余丈堤内皆成沼泽滥不可遏景公奔救祷誓江神原以身代民命万民众随之号泣版锸堤赖不溃至夜乃下决黄江村坏庐舍二万一千六百余所淹田地七千九百余顷景公载米往赈金活男妇二万余人水退甃石八百余艘四阅月而堤成遂建祠于上以厌水怪刻飞鹅形于石又以七星岩有北海所书景福二字与姓相合因的名祠所以禳水灾镇鹅怪安商旅固堤防者皆藉斯祠关系甚钜非细故也溯康熙辛巳祠成越今道光己亥垂一百三十九年而祠圮于水未圮以前岁时伏腊尸祝如新及其一旦倾颓谁弗思其兴复乃今围堤复故祠宇尚湮父老儿童报赛无所不议重建众态奚字岁壬寅春余来宰斯邑征文考献溯稽往昔诸如城池仓库祠坛津梁以及兵刑钱谷农桑水利等务凡有关乎地方政事民间疾苦者其沿革建置罔不悉心讲求以翼兴废举坠上修政教不裨民生随据地方绅耆以重建斯祠为请余即为转请于道府宪均允为倡率捐修并选邑中孝廉

梁以时张大德莫京达拔贡黄登瀛汤盘黄其维等董其事广为劝谕共得白金壹千二百余两及时鸩工庀料兴工于癸卯年八月廿八日至甲辰年二月廿七日而告竣从此庙貌重新神明普佑江堤永固民物阜康阖境既已又安奕世自应载福爰勒石以志不忘并以载其颠末云

时道光二十四年在甲辰嘉平月吉日

赐进士出身知高要县事长白瑞宝撰

广爱茶亭碑记

尝闻之创业难守成亦不易盖天下大事有然即乡邑善举亦莫不然吾于广爱茶亭有以征之矣亭位于县一区渡头村之东景福围之旁兴元塔之下北背崇岭南面端江东连卖花墟西达肇庆市交通大道行旅至多中途拟息于此者亦至众初不得咫尺休憩之场所不得杯勺解渴之水浆已不知其几何年而口君子屡屡发议绸缪亭宇又不知经几何口乃久久弗克实现民国七年苏君秀川林君焕饶梁君逢宪苏君耀宸梁君焕廷咸谓斯亭之终不可以已也爰合力倡建之并施茶焉由是劳者得息渴者甘饮逾廿稔于兹人亦浑忘昔日创始之难矣一口亭之值理仇君云甫为口曰方苏君等之倡议建亭施茶也或云水灾之后筹款维艰或云口口口货持续匪易成有难口幸倡建者乐善为怀决心劈画先助款以资提倡再设薄以广劝募鸠工庀材道员监理经之营之不日成之口足佩口监理者杨君荣楷也若工程若款项若一切数口均口口口口口发缘簿多未收还无从核算致未公布荣楷亦难辞其责也同人乃推苏君秀川理之民十口口年口地方多故迭遭口口簿据颇有口口损失益难追述虽屡欲将捐资者泐名志谢亦有所弗能同人口口口憾其时常费尚无口口苏君口口口口口筹策得南洋兄弟烟草公司乐捐毫银三百元广善堂认口口毫银二十二元口常年口度口以口口口有口数苏君足之如是者十年民十八年冬苏君又竟以劳于乡事病逝同人惜之彼口口时

恳口口口爱施茶事嘱托云甫毋使中辍余何口苏君热诚宁忍却耶诺之至今又十易寒暑自口口口口口口胜而施茶基金仅毫券千元年息不过百金以今物价之昂收支不抵殊巨个人财力口所不口惟有将历年经营数目核算清楚移交某某耳第口亭施茶事虽小善举也初办固煞费经营维持则有口来者而今日倡建五人协理七人今皆云亡有半去年荣楷亦以讣闻而当年慷慨捐输善翁又口克一一彰表得善心一点广爱在人安可任其泯泯也敢请为记沕之贞珉以为纪念吾闻而起曰岂真守成所不易耶诸君子创之守之二十余岁安知来者之不如今也人之好善谁不如我吾知其必有继起维持而扩充之者北山苍苍西江泱泱惟此广爱山高水长爰叙其经过如此邦人君子当深表同情而兴起也夫

庚辰冬至日乡人梁钧显记

◎传◎

梁岩叟传

闲夫先生梁其氏名岩叟字隐之别号闲夫刺史夔之后宣议郎卞之孙承务郎汝器之子也闲夫天性纯粹体貌厚重处于世上无嫉妒立于两间无愧怍孝行于家得乎亲心至亲终也一哭流血道人闻之亦泪至葬也三载庐墓夜虎遁之弗惊仁厚于俗同乎范公立以义田族人饥寒劳苦不堪者周而饱暖安逸之生婚死葬不克者给而嫁娶殡葬之友爱于乡信义相与不畏乎权势和平相遇不陵乎孤弱幼承厥考庭训诗书二经时以乡荐领职司铎端州学正凡施之教者卒之以身诸生有所请益恳恳言之日而至夜三鼓弗释凡造就之士必有可观者焉又是风俗妇女曰江沐浴历过乡之耆老贤士大夫暨门之生徒拳拳以口舌教诏欲其变焉而化之也至于茨宇门限无事而不敢轻出越矣是亦闲夫教化所及而流风俗

美焉其配名家陈氏女德全行备纯于女工则人称之曰贤女既配矣子妇道克修听姑顺夫咸尽礼法人又称之曰贤妻闲夫舍弃屏去饰服荆钗布裙脱簪珥以广置田园勤纺织而教子诗书人莫不以为梁氏贤母羡之闲夫夫妇生也同一年死也殊一载闲夫卒年四十七孺人气之卒年四十八噫先生夫妇之贤节此所以来当道交章谈荐故非溢美也耶四子皆贤世当明盛好贤爱士长斗南任集贤直学正次霆享任本端州学正次祥应任南流教谕次魁杰屡聘未赴后任福建儒学提举人孰无子公也四子皆贤又常与吾儿宗礼素所窗论而赖登进士第吾辈父知儿曹子与子识今别也十有余春适承上命来守兹土乃子来谒吾见其子也爱而思其父也切口虽询子而目则泪父是何也盖思其友爱之情于平日今欲见之而不可得之于一旦是以传之者非惟述公中正之德 抑亦以表思见之情又因是而愉吾平生尊儒重道敦节尚义得一贤一节喜旌喜异况公夫妇出簪缨之胄生太平之世贤而德才而节也呜乎公今死也然而有继述之后骎骎向用光前大后源源而来是天有意于公夫妇有永于公夫妇死犹不死也是以为传

大宋宝庆二年岁居丙戌二月二十六日吉立

赐进士第奉命守端州前刑部郎契生金华宋臣书

◎志铭◎

安定郡祠志

高要渡头梁氏北山先生有祖讳燮者乃大宋咸平戊戌进士两敕端州刺史劝农教养沦浃身心始由南雄珠玑巷招集二十九姓来此高要开辟芦州子孙遂奠其居乐其业刺史燮公至于北山学正岩叟传世愈远而子孙愈盛厥后源源而来列职涌涌而出人皆曰乔木不朽之世家者诚不谬也故有是家应有是志焉乃于嘉定十三年庚辰春日有孙至孙箎吉鸠工将渡头金津地深九丈余阔四丈余

鼎建祠堂设立蒸尝将土名大坑马头王布钟婆塘等租又祠后湾头园祠西莲塘鱼埠祠南巽峰山鱼埠及黄坭塞宋崇塞埠等处共税一顷四十亩零藉此收成以供祭扫编谱铭石以垂不朽命其苍头 每走书告予索予一言以冠于志予才虽劣笔虽蹇未足为公家之发扬然所知者今堂已构矣尝已立矣系已成矣燕毛有所祭祀有供后代有序皆公之德仁孝所致欲俾后之子孙有所稽而知所本也予何敢虚文为公抑扬无乃扩公之志宜表于石昭示将来勿肆己心勿违祖训春秋祭扫勿缺家规想先君游于九京固无余憾即公辈生于宇宙亦无愧怍矣此所谓乔木不朽之世家者承先志以垂后世警后昆以起孝思使亿百千万无疆之世咸惕追远岂但今之世云乎哉

赐进士第知南海县事道契年家弟盛世拜撰

男祥应斗南霆亨魁杰 孙至孙福子公锡桂孙 曾孙诞孙寿卿适男雍孙以文以道以德以章等立石 大宋嘉定十五年岁次壬午中秋吉旦

绍马山远祖宏帙谭公墓志铭

永乐戊戌仓步谭子朴斋欲重新远祖虔翁公墓走书币至京师祈余文以志墓葬余与谭子父克忠先生为通家亲知其家世甚详安得辞按翁世居江右古虔州子二人长讳洪次讳瀚公以寿卒殡于乡庆历间孙讳伯仓登进士官至吏部侍郎迁刑部尚书蒙恩诰封三代追赠祖孝同官末年奉命出镇湖湘偶适韶州仁化爱其风俗淳美遂卜居焉其后曾孙朝端因过岳翁麦公家居高要仓步偶获异人授绍马山之兆乃复故乡迁其祖与夫人遗骸葬于是山后果灵钟川岳绍兴初玄孙惟寅亦以进士显赠朝端公提刑观察使至元季兵戈扰乱碑碣封诰亦俱残落莫知其详余维谭氏其来远矣若仁化若甘竹长沙各房支派蕃盛科甲连锦不可枚举若玉山则有惟寅公聪悟天纵读书一览不忘著作甚多大全章疏载有姓氏名重宋儒迨至五世则又有子奇公巍科特振子名公人材应辟洪之初克忠先生

亦以贤良特若两诣京师今永乐之辛卯宗智公又以贤书接美原有所自肇造基业已有伯仓公振作于前显赫当世又有惟寅公继起于后流芳无穷宜其子孙绵远科第接踵家声日振也论者谓绍马山灵钟所至不知乃祖虔翁积德于前诚非一日其子孙必有所兴起盖非特绍马山之灵钟已也诗不云乎维岳降神生甫及申故志而铭之于后以复其请铭曰硕德隐公卓越殊才灵锺江右迁葬南来绍马言卜庆叶山隈贤孙贵显丹诰荣载松楸重树士圹再培山川秀拱弈运昭回

赐进士第奉政大夫左春坊右赞膳兼翰林院检讨年家眷

晚生梁敏　顿首拜撰

学正梁公孺人陈氏合葬墓重修志

公讳岩叟字隐之号闲夫乃高要金津梁氏之祖也其先河南洛阳人自南雄珠玑巷来公之曾祖曰夔宋赐进士任河南监察御史两敕端州刺史卒于官祖曰卞由举任宣义郎随考于任遂立儒户而奠居焉考曰汝器由举任承务郎迄今四世矣公之德粹而行纯学优而才博由举任端州学正其造士有方轨物丕著士之出其门者咸有用之才也缙绅之人莫不景仰公德其卓然乎娶孺人陈氏妇道克笃刚柔相济盖室家之宜也夫妇置田三百余顷生子四人长曰斗南由进士任集贤直学次曰霆亨由贡任学老次曰祥应由举任教谕次曰魁杰由贡任儒学提举至此五世矣与孺人皆享寿而终合葬于桃溪都冷水坑寅向之原嘱立桃溪都土名大坑头田三十亩土名钟婆塘田并黄坭塞一顷四十亩以为祀田使子孙世守以供祭祀至今莫不蒙其泽焉历朔其裔子孙蕃衍衣冠继世六世孙曰公锡由进士任布政司参政曰至孙由举任同知七世孙曰寿卿由举任路判曰以道由贡任书院长曰以德由贡任主部曰以忠由贡任教谕曰以顺由贡任县尉曰敏由贡举任左春坊左赞善入乡贤八世孙瑜由贡任按察司佥事九世孙曰祖荣由贡任知县入名宦曰祖弘由贡任县丞曰矩由举任教谕曰伯振由举任教授曰全由举任

教授曰昌由贡任县丞十世孙曰弼由举任主部曰继由贡任训导曰能安由举任长史曰能定由举任教谕十一世孙曰嵩由贡游左学曰富由贡任教谕曰梓由贡任县丞十二世孙曰缄由贡任主部曰晏由贡任县丞而仕宦多矣兼以文士彬彬挺然秩出皆积学有待者弥远益盛继今十六世矣公之所传如此莫非盛德至善之余泽也公之佳城历今四百年余载墓志久而损缺孙以道雍孙以文重修于洪武八年日久又缺孙矩冀端玮等又重修于正统十一年迄今百有余岁矣又复缺孙继美梓堪坛尚纲元昉元晖绪等共苛鸿休而追慕念硕德以兴思爰集众议贮祀田之余以修祠堂坟墓庶有以昭公之德安公之神亦少申众孙水木本源之念焉于是为志

◎文集　石刻◎

文集

《庐墓集》，梁岩叟著，内有诗：孝生孝子孙生子，子子孙孙孝一般。

《宫赞云苹集》，梁敏著，内有奉命作午门观灯赋朝阳鸣凤赋，成祖皇帝称赏不已一日十朝优待特厚。

《枕江集》，梁沛著，内有诗云：五十生儿人笑晚，谁知瓜蒂又重看。

《清敲集》，梁挺芳著。

《金萱秀集》，梁匡时著，晋阶孺人罗氏六十有一寿诗百余首，梁匡时和韵百余首。

石刻

宋区永年题名石刻《星岩端之胜概》刻于宋嘉熙二年（1238 年），位于石室岩石鼓东壁。

原文：

星岩端之胜概　嘉熙戊戌岁重阳之明日区永年吕章李德秀伦冠卿杨天起区亿年林时英梁延祖李伯震卫观光梁光祖李伯常赵彦铭张攀龙邓宾之黄天佑陈英元梁岩叟李季英叶达可赵洒夫赵若棠同游

注：渡头梁氏四世祖梁岩叟同游

◎散文◎

报告文学

渡头村梁氏先祖珠玑巷招工意义非凡
比罗贵南迁规模更大时间早九十五年

刘卫东

渡头村是肇庆市的一座拥有千年历史的“城中村”，在该村的族谱中，记录了一起北宋时期珠玑巷“29 姓 270 男口”有组织迁徙到岭南地区进行大规模农业开发的历史事件，该事件对以后珠玑巷人的历次南迁，产生了重要影响，比南宋绍兴元年罗贵率领“36 姓 97 人”组团，从南雄珠玑巷南迁到冈州蓢底，足足早了 95 年。

梁夔授意其子珠玑巷“招工”

渡头古村位于肇庆市端州区城东西江北岸。唐朝地名叫金津坊。由于村位于河岸边，在此岸边设有通往对岸乃至外埠的码头，叫金津渡口。后便将金津坊称渡头，渡头村因此得名。开村始祖梁夑公，宋咸平元年（公元 998 年），其 20 岁时，参加科举考试，考中“第十九名进士”，被派往南雄，任“南雄州判”。其后调任河南监察御史。大中祥符年间（公元 1008~1016 年），梁夑调任端州刺史、中议大夫。他在任职期间，励精图治，踏踏实实为端州百姓做了不少好事，每到任期届满，“端州士民感德，累奏敕留，历任十一载”。天禧三年（公元 1019 年）梁夑选择了在端州城东的西江河畔的金津坊渡头开村，成为渡头梁氏始祖。

曾在南雄、端州两地为官的梁夑，看到南雄珠玑巷一带，虽然已经进入了比较先进的农耕文明，但人多地少，发展受限，而端州一带，地广人稀，土地肥沃，生产力落后，发展潜力巨大。据渡头村梁氏族谱记载，梁夑于宋景祐三年（公元 1036 年）丙子秋八月初七日，授意其子宣议郎梁卞，从广东南雄珠玑巷招来 29 姓（严纯、谢景福、刘顺、何有过、黎景茂、莫让、唐辛、冯冬弟、罗裳、陈冬弟、邓乳牛、苏亚、程仁、张贵、梅花白、黄亚雁、伍良受、马仔、杜狗奴、覃奴仔、麦山猺、李惟明、白玉、陆文振、龙顶、林帮彦、赵成、杨时春，谭戌住等）270 男口，分派高要各都、甲落脚，垦荒 39 年，开辟耕地 350 余顷。宋崇宁二年（公元 1103 年）一月，梁夑之孙承务郎梁汝器又从南雄珠玑巷招来宾于廷、周贵、钟天道、廖彦、曹亚平、蓝秀等六姓数十人到端州垦荒。“入于家，输于国”，梁氏家族有田租收入，朝廷也有田税入库。渡头梁氏迅速成为当地最大的家族，梁夑子孙后代在渡头“奠其居，乐其业。传世愈远而子孙愈盛。”

移民垦荒促进农耕文化发展

端州古代属南蛮百越之地，即使在北宋初年，端州城附近也很荒凉，凡有州官上任，首先是“备峒寇”，即要准备对付从山谷走出来不服朝廷管治的土著俚僚族群的骚扰，当时该族群处于十分原始落后的移动式山谷经济时代。

渡头梁氏先祖到南雄珠玑巷招来35姓数百户人家，到端州垦荒39年，开辟耕地350余顷，不但改变了端州地广人稀的荒凉旧貌，而且为端州地区带去了先进的农耕文化。

南雄珠玑巷南迁先民，还为渡头村引来了中原的养鱼技术，养殖四大家鱼清除湖塘杂草，藕胖鱼肥，成为主要经济来源之一。同时，还利用渡头村大莲塘之水灌溉400多亩稻田和菜地，稻丰粮熟，瓜菜绿嫩。经过30多代人创业艰辛的付出，渡头村逐步呈现出屋舍俨然、绿树成荫、炊烟袅袅、六畜成群、鱼跃荷艳、良田连片、稻谷飘香、瓜菜满园的景象，让人顿觉太平盛世的祥和与宁静。

珠玑巷人端州垦荒意义重大

南雄珠玑巷历史上曾经有过多次大迁徙，现在大多人只知道南宋绍兴元年（公元1131年）珠玑巷贡生罗贵率领36姓96人南迁至冈州蓢底以及南宋度宗咸淳八年（公元1272年）因避胡妃事件之祸，大批南迁珠三角这两次。

渡头村开村始祖梁夑及子孙三代人，分两批从南雄珠玑巷招来35姓数百“男口”到端州垦荒，是南雄珠玑巷人南迁史上，最早有文字记录的有组织的大迁徙，其有着非常重要的意义。

一、梁夑曾任南雄州判和端州刺史，通过对比，知道南雄珠玑巷的农耕文化远比端州及珠三角地区先进。而南雄珠玑巷35姓数百“男口”，愿意跟随梁氏先祖到端州垦荒，说明了当时南雄珠玑巷即使在北宋的太平年间，也已经是地少人多，老百姓并不富裕。

二、罗贵南迁和珠玑巷人为避“胡妃”之祸大举南迁都与天灾、人祸和战乱有关；而梁夑授意其子梁卞到珠玑巷“招工”，发生在宋仁宗景祐三年（公元1036年）。宋仁宗在位时，北宋北方边界虽然与西夏常有战事，但天下基本太平。梁夑“招工”的目的非常明确，就是到端州为梁家垦荒。

三、宋代有严格的户籍制度，梁夑曾在南雄为官，其子梁卞也官居宣议郎，他到南雄大规模“招工”，如果没有南雄及端州两地的官府许可是不可能成事的。这次“招工”事件，应该是有文字记载的南雄珠玑巷第一次由民间组织、有目的、成规模、经过官府许可的珠玑巷人向岭南地区大迁徙的重大历史事件。

四、北宋景祐三年（公元1036年）梁卞到珠玑巷“招工”垦荒，共计有“29姓270男口”到端州落户，68年后，梁夑之孙承务郎梁汝器于崇宁二年（公元1103年）又到南雄珠玑巷招来6姓数十人到端州垦荒。该事件与珠玑巷罗贵率领“36姓97人”南迁组团相比，时间早96年，规模更加庞大。

五、渡头村梁氏先祖分两次招来的珠玑巷35姓数百户人家，被分派到“高要各都、甲落脚”，“攻闲辟荒，子孙遂奠其居，乐其业也。”他们不但为端州地区带来了先进的农耕文化，而且他们的后代不断繁衍生息，或留在高要、肇庆，或开枝散叶到岭南珠三角其他地区。如今渡头梁氏与珠玑巷南迁35姓人家，子孙繁盛不计其数，遍及海内外，他们为开发岭南地区做出了重要的贡献。

据悉，今天的鼎湖沙甫桃溪村、鼎湖广利桂荣村、鼎湖广利槎布村、高要大湾白象村、高要大湾塱尾都塘村、高要大湾新围村、高要小湘爱村的梁氏族人，都是渡头村梁夑的后裔。今天端州城西的龙顶岗，就是以梁卞到珠玑巷招来29姓中的“龙顶”来命名的。肇庆市鼎湖区水坑村陈姓，也是珠玑巷35姓南迁先民的后裔之一。

六、渡头梁氏两次到珠玑巷“招工”，给南雄珠玑巷人传递了岭南地区地广人稀、土地肥沃、适宜开发的信息，对以后珠玑巷人的历次南迁产生了重大的影响。

七、端州渡头村是中华梁氏入粤第一村，村里的“梁氏宗祠”，是广东现存最古老的建于宋代的梁氏宗祠；原立于“梁氏宗祠”内，现收藏于肇庆市博物馆的《安定郡祠志》碑，刻于宋嘉定十五年（公元1222年），是目前可以看到的南雄珠玑巷人有组织、有目的、成规模、第一次向岭南地区大迁徙的文字记录。这些珍贵的历史文物，对研究南雄珠玑巷人的南迁历史，都有非常重要的意义。

《安定郡祠志》碑：广东梁氏第一碑

原镶嵌于渡头村梁氏宗祠二进西侧廊南面墙上的石刻《安定郡祠志》碑，是肇庆市仅存的宋代石碑。如果说始建于南宋嘉定十三年（公元1220年）的“梁氏宗祠”，是广东梁氏第一祠。那么，立于宋嘉定十五年（公元1222年）《安定郡祠志》碑，就很有可能是广东梁氏第一碑。《安定郡祠志》碑用端砚石制作，碑文阴刻，记述了渡头村梁氏始祖梁夒于宋咸平元年（公元998年）高中进士，先后两次任端州刺史，并由南雄珠玑巷招集29姓到高要定居情况，以及记录渡头村“鼎建祠堂、设立蒸尝”的经过及立碑原因。石碑由“赐进士第知南海县事盛世撰文”，“祥应、斗南、霆亨、魁杰”等梁氏子孙立石。因梁夒始祖在春秋时的秦地古郡安定迁入洛阳，故梁氏宗祠也称“安定郡祠”，以示不忘祖宗。该碑于1984年由肇庆市博物馆收藏。《安定郡祠志》碑的发现，对于研究珠玑巷人南迁历史，有着非常重要的意义。

《安定郡祠志》为渡头村梁氏后裔定下“设立蒸尝”这个族规。规定将属于梁氏宗祠“公有”的“一顷四十亩”（约90余亩）的田地鱼塘的租金及收成，用以祭拜祖先、编修族谱、刻石立碑、修缮宗祠，“以垂不朽”。所以，渡头村历代村民遵循祖训，对宗祠三十年一小修，八十年一大修，才使这座具有近800年的宋代祠堂得以留存于今。遗憾的，这种“设立蒸尝”这个族规，在最近这几十年里，因为种种原因没有延续下来，渡头村这座对于珠玑巷南迁移民史具有很高历史价值的“梁氏宗祠”的现状，几乎可用“目不忍睹”来形容。

元魁塔：广东梁氏第一塔

立于渡头村旁边的元魁塔南面临江，建于明天启三年（公元1623年）。是渡头村读书人梁挺芳、梁挺高兄弟，明天启年间同科中举，仕途畅通之时回乡所建。因为中文的“元”和“魁”都有第一之意，该塔取名“元魁”，既是夸耀兄弟俩在乡（省级）试中名列前茅，又盼望在会（国家级）试和殿试中考个第一。此外，大概还有子孙后代在科举考试中都要夺魁的寄望。这座由渡头村梁氏族人兴建的宝塔，很可能也是现存的“广东梁氏第一塔”。

据介绍，元魁塔高27米，呈八角形，从外面看有七层，实际上里面有十层，属楼阁式穿壁绕平座砖石塔。塔基用石料铺成，塔身用砖砌成，各层于南北两面辟拱门。该塔自下而上，塔檐及平座逐层收缩；每层塔壁外面仍留有前人修塔时用的“插杆洞眼”。元魁塔虽然矮小，但结构玲珑，保留了唐宋至明代的建筑风格。此外，它与北岸的崇禧塔、南岸之文明塔和巽峰塔隔江对峙，构成“四塔擎天”的景观，十分少见。1984年，元魁塔被列为肇庆市文物保护单位。

以前，元魁塔下有个广爱亭，是乐善好施的乡绅筹钱建成惠及百姓的凉亭。东来西往的人常在这儿歇脚，每遇风雨，路人便急往这儿躲避。骄阳似火的酷暑天，热心公益者凑钱请人在广爱亭烧水施茶，走得口干舌燥的路人，可免费喝个痛快，顿觉暑消心爽，通体舒泰。建亭施茶的义举仁风播撒温馨，让人感动。

元魁塔历经数百年风雨沧桑，塔身曾向东南倾斜67.6厘米。有关部门采取积极措施加以保护，并对该塔地基进行了技术修复，有效地减少了该塔的倾斜。现在的元魁塔虽然依然存在着明显的倾斜，成为一座“斜塔”，但并不影响塔的美观，反面更增添了一番别致，有人甚至将其与意大利的“比萨斜塔”相媲美。

历史故事

宋代南迁端州的开拓者

郭剑泉

西江从云南曲靖马雄山发源，流经贵州、广西，到梧州汇桂江后进入广东，至端州州治高要，河道迂回成弓形，自西北转向南流，穿过三榕峡，到大鼎峡转东流，经过金津坊（今端州区渡头村一带）南面后折向东北直奔羚羊峡。

宋代初期，地处岭南的端州已盛行集市贸易，隔三日便有一次墟市，商贩、乡民云集于此，称为趁墟。临江岸边的渡头，熙熙攘攘，四乡八邻的百姓纷纷带上鸡、鹅、鸭和蔬菜、水果这些农副产品，以及草席、蕉布、柴米油盐酱醋等日常用品，肩挑手挽，从停靠这里的渡船上岸前去趁墟交易。

渡头的河漫滩高地之上，站立着一位中原人士，向着四方翘首远望。越过岸边的人群和缓缓而流的河水，西江两岸山峦之间的大片荒野映入眼帘。他陷入了深深的沉思，一幅酝酿已久的开荒拓土宏图渐渐在心中呈现。

这位中原人士姓梁，名燮，字“汝和”，号“梅峰”，人称“北山先生”，北宋太平兴国二年（978年）生于河南洛阳，排行第二。咸平元年（998年）春，梁燮20岁，考取第19名进士。初入仕途，他先任南雄州州判，后升河南监察御史。

北宋大中祥符年间（1008—1016年），河南监察御史梁燮任端州刺史，中议大夫。

当时的端州，被中原人士视为荒僻瘴疠的边鄙之地。梁燮上任后，勤政爱民，体恤百姓，造福一方，在民间口碑甚佳。任期届满时，吏民多次上奏朝廷，请求留任，以至皇帝宋真宗两度下诏敕封其为端州刺史，治理端州长达11年。

勉励人们依据季节重视及时耕作的“巡行劝农”，是古代地方官员的职责之一。天禧年间（1017—1021年），梁燮在春夏农忙季节，巡行乡间察看各地，劝课农桑，鼓励农耕。巡察期间，看上了西江河畔的金津坊渡头一带。退职后，选择在此定居，广置田宅，养生乐业。

梁燮是中原人，其先祖从安定郡（今甘肃泾川县一带）辗转徙居河南洛阳。他曾在南雄任职，那里是中原氏族南迁入粤的首站，聚集了不少翻越大庾岭前往岭南安家落户的中原人氏。当上端州刺史后，常到乡间各地“巡行劝农”的梁燮，看到这里地广人稀，田野荒凉，到处都有一片片尚未垦殖的可耕地，便存下充当开拓者的念头。于是，他买下大片荒地，退职后带领自己家族在此落户开垦。随后，授意儿子梁卞，到南雄招人一道来端州开荒辟土。

梁卞从小便跟随任职端州刺史的父亲巡行乡间，深感要使百姓成为安分守己的良民，首先要满足他们的衣食温饱。景祐三年（1036年）农历八月初七，梁卞遵父命从南雄珠玑巷招来29姓270男丁到端州落户垦荒。这29姓的家长姓名为：严纯、谢景福、刘顺、何有过、黎景茂、莫让、唐辛癸、冯冬弟、罗裳、陈冬弟、邓乳牛、苏亚奴、程仁、张贵、梅花白、黄亚雁、伍良受、马仔、杜狗奴、覃奴仔、麦山猺、李惟明、白玉、陆文振、龙顶、林邦彦、赵成、杨时春、谭戌住。梁卞专门写了一首诗记录这次招人，把南雄找来的29姓记入诗中："严谢刘何黎莫唐，冯罗陈邓苏程张。梅黄伍马杜覃麦，李白陆龙林赵杨。歌乐茶山村日远，梧桐水尾洞天长。兼于仓步谭家老，后世难忘刺史梁。"

从南雄招来的29姓人家，分别被安置到端州的29个地方，在属于梁氏家族的田野上开辟耕地：谢景福被派至西江南面的对村（今属佛山市高明区），陈冬弟等人被分派到鼎湖山下的水坑（今属鼎湖区），龙顶被安置在城西今龙顶岗一带……他们在荒芜的洼地、土丘、沙滩垦耕，为尚被视为蛮荒之地的端州带来了先进的农耕文化。

梁卞后来成为治平三年（1066年）举人，官居宣义郎。

当时推行甲头的乡役制，由乡村邻近的30户组成一甲，甲头负责催理农户的税赋。招来的29姓数百户人家，在端州落户，划分为五六个甲，在梁氏家族购置的土地上垦荒39年，开辟耕地350余顷。此举可谓利国利民，南迁农户衣食得以自给自足，梁氏家族有田租收入，朝廷也有田税入库。

梁爕之孙梁汝器，元祐二年（1087年）举人，任职文散官承务郎。崇宁二年（1103年）正月初，他遵照父亲梁卞之命，对招来的农户论功行赏，确认谢景福、谭戌住、何有过、陈冬弟、覃奴仔及其亲属卢长庆"尽心竭力，不避捐躯殒命，卫我门墙"。如：谢景福带领各农户"辟荒三十九年，力田三百五十余顷"；陈冬弟"年租钱累无私于分文"；守仓步（今属佛山市高明区）仓甲的谭戌住被广西流寇打劫，夫妻被杀，只有一个名叫初二的儿子幸存，年仅7岁；跟随梁卞在官家当差役的覃奴仔，为营救被清远县土寇掳劫的梁卞而被匪徒杀害，梁卞则得救平安回归。因此，赏赐谢、谭、何、卢家稻田各七顷（700 亩），陈、覃家各五顷（500 亩），以报答他们的功劳。

当月，待喜庆热闹的春节过后，梁汝器步其父亲足迹，又从南雄珠玑巷招来宾于廷、周贵、钟天道、廖彦、曹亚平、蓝秀等 6 姓数十人到端州垦荒，也留下一诗："生在雄州住在端，萍踪乔木庆流传。承家慷慨皆仁瑞，奕世阴功兆凤鸾。沧海月明珠灿烂，乡村风暖物盘桓。宾周钟廖曹蓝颂，刺史梁公万代官。"

金津坊面临西江，是一片河漫滩高地，易于耕种，且自然环境优越，有金津地之称。梁氏先祖在这里定居下来后，率众垦荒，勤于农桑，饲养禽畜，子孙逐渐繁衍成村，称渡头村，梁氏家族成为端州巨族。

村庄旁边有一口大塘，称为大莲塘，又名白莲塘，杂草丛生。他们引进中原的养鱼技术，清除杂草，种上莲藕。莲塘所贮之水，更是灌溉周边稻田和菜地的水源。天长日久，这口大塘变得藕粗鱼肥，周围稻丰菜绿。

南宋嘉定十三年（1220 年）农历三月，梁氏于渡头村南的河岸上，鼎建梁氏大祠堂，名为世德宗祠。

世德宗祠西廊南面墙上镶嵌石刻《安定郡祠志》碑（现存肇庆市博物馆）记录，嘉定十五年（1222 年）中秋，梁夔五世孙梁霆亨举办梁氏宗族的祭祀活动，决定将宗族多处田地、莲塘、鱼埠公产出租的收入，用于祭奠先人、编修族谱、刻铭石碑。

梁霆亨是梁汝器之孙，南宋建炎三年（1129 年）举人、端州学正梁岩叟的儿子。他于宝庆二年（1226 年）经考核被推荐为岁贡，开始编集梁氏族谱，咸淳元年（1265 年）在渡头创建树德学堂。为鼓励梁氏后代读书上进，梁霆亨兄弟 4 人，于咸淳年间遵照父亲梁岩叟遗嘱，立下奖士条款，规定凡参加科举考试，考取县试、府试秀才第一名的，奖银一两；被增补为禀生的秀才，奖银二两；保送入京作为拔贡者奖银四两；乡试中考取举人的奖金银拾两，得第一名的另加银伍两，前五名的另加银三两；凡赴京参加会试的举人赏银拾两，考中进士者奖金银二十两，被选为翰林学士者另加银拾两……等等。

仅在宋朝，渡头梁氏中就有 7 人考取进士、举人。

特写

精武狮艺　源远流长

贾穗南

走进黄岗街道办事处渡头村的树德礼堂，墙上的一行大字吸引了我们的视线：青云堂渡头梁馆龙狮武术团。两侧是一副对联，红底金字。联曰：

少林咏春派；

神气归元功。

我们走近细细地一看，哦，原来墙上全部都是有关青云堂渡头梁馆龙狮武术团在武术和狮艺方面获得诸多荣誉的锦旗、照片和文章等，它们无不在默默地诉说着龙狮武术团的昨天与今天。

我们慕名拜访了武术名家梁伟才，受到了他的热情招待。他招呼我们落座后，说道："渡头村梁氏武术，历史悠久，源远流长。明末清初，战乱频频，贼寇经常出没，村落多次受到贼寇的洗劫。为了抵御外来的侵扰，强身健体，村民请来了武术大师教授武艺，青云堂渡头梁氏武馆就是在这种情况下成立的。数百年来，梁氏尚武之风世代相传，从不间断，历经了梁子斌、梁东玖、梁润明、梁伟才、梁玉麟、梁吉林六代世家，接力棒一代一代地传下去，一代一代地发扬光大，一代比一代兴旺发达。"

渡头村的梁氏武术，师出北少林、蔡李佛武术。武馆教授村民少林拳、洪拳、南拳、武当拳、太极拳、铁砂掌、五雷神掌等，在器械上有长柄大刀、钩刀、大钯（三股叉）、关刀、腰刀、朴刀、棍棒、双刀、铁尺等，擒拿、对打的套路可谓五花八门，平时用以防身，集中起来可以抵御贼寇侵扰，保卫地方安宁。

历经几代人的继承且发扬光大，武术逐渐地成为渡头村村民爱好的一项体育运动。

渡头村的梁氏武术，尤以独具风格、堪称武林奇葩的“咏春拳”而闻名。此拳是中国拳术的南拳之一，早年流行于广东、福建等地，初传于福建咏春县，为严三娘所创，以地方命为拳名，故曰“咏春拳”。世界著名的武术大师李小龙以此拳为母拳，结合其他的拳种，创立了一种新的拳种，成为一代名师。

咏春拳的特点：（1）快、准、劲，这是咏春拳的三个原则；（2）避重就轻；（3）忌贪多务得，忌疏忽歪斜，忌闲散惰慢；（4）眼快、手快、步快；（5）化、封、逼、打，四法合一；（6）内外合一：内者精气神，外者筋骨皮；八法：手、眼、身、步、神、气、力、功；（7）慢拉架子，快打拳，巧技击。

说起武术名家梁伟才，他的父亲是北少林、蔡李佛武术教头，岳父是解放前的金行镖师兼咏春拳教头。他是青云堂渡头梁氏武馆第四代掌门人，可谓“一身武艺，满园桃李”。佛山黏手散打赛三届三冠军的沈志强、北京截拳道教练黄龙超、香港南北武术协会副会长刘全安、台湾名医陈建志和香港女优秀教练员廖桂芬、廖桂梅，以及香港武术大师、台湾高雄武术馆馆长梁德华和黄岗镇厚岗村武术队的梁德荣、伍仕明等，都是他的弟子。另外，澳大利亚、加拿大、美国等亦有他的传人。

由于梁伟才德高望重，被选为肇庆市蔡李佛、咏春武术馆馆长和肇庆市武术协会主席、肇庆市狮艺学会会长、香港青云堂武术狮艺总教练、香港南北武术总会名誉会长等。

“2003年香港国际武术邀请赛”于2月21日至27日举行，有27个国家和地区的143个武术代表团、共1247人参加角逐，比赛项目以中华武术为主。由渡头村梁伟才、梁玉麟、梁玉玲、梁玉成、梁吉林一家三代组成的肇庆青云堂武术代表团，在比赛中技压群雄，脱颖而出，一举摘取七个项目的10枚金牌、2枚银牌、1枚铜牌和1个第四名。其中，梁伟才获得阴阳太极拳1枚金牌和大耙、剑术2枚银牌；梁玉麟获得广东南拳、独龙棍、单刀进枪3枚金牌；女将梁玉玲获得广东南拳、十八降魔棒、白云剑和单刀进枪4枚金牌；梁玉成获得六合单刀、棍术2枚金牌和“夜虎出林拳”第4名；梁吉林获得棍术1枚铜牌。他们参赛的武术套路和出色的表现令观众眼前一亮，博得了满场的喝彩声。

2004年5月，世界功夫武术段位制总会在加拿大温哥华举行首届世界武林盛会，武术名家梁伟才应邀参加。几万人观摩了他的精彩武术表演，多家报纸予以登载，赢得很高的评价。

在首届世界武林盛会上，梁伟才获得世界功夫武术九段大师证书，成为世界功夫武术九段大师的中国第一人，并被选为世界功夫武术段位制总会副会长，受到中国驻加拿大使馆周勇先生和接见和合影留念。

在狮艺方面，青云堂渡头梁馆龙狮武术团可谓独树一帜，曾赴加拿大、香港等地和参加国内比赛，都获得很好的名次。曾获得2002年肇庆市醒狮大赛第二名，2004年肇庆市第三届舞狮赛“高椿”一等奖和“传统”一等奖。

深圳电影制片厂于2003年拍摄影片《南北雄狮》（英雄识英雄），香港佳能影业公司拍摄影片《武仙》等，就是以青云堂渡头梁馆龙狮武术团团员作为特邀演员，且在影片结束时以字幕鸣谢。

2008年6月4日晚上20时，渡头村的树德礼堂灯火通明，彩旗招展，雄狮起舞。来自香港南北国术协会、佛山俊威武术馆，以及美国、加拿大、匈牙利等国家的民间武术教练、队员一行共25人，与青云堂渡头梁馆龙狮武术团团员一起，在这里以武会友，切磋技艺，增进友谊。

在一阵阵的锣鼓声中，两只雄狮“翩翩起舞”，逗笑的大头佛手拿着大葵扇，引得现场的观众捧腹大笑。接着，梁伟才总教练精心挑选的两个拿手好戏节目成了开场白。

第一个节目名为“步步高升”，是两只雄狮精彩绝伦的采青表演。“青”用生菜，“采青”顾名思义就是取“生财”之意。只见两只雄狮闪扑腾挪，凌空翻跃，爬上高约5米的铁柱顶上将“青”采下来。接着，两只雄狮踏着鼓点，喜气洋洋地走到来宾的面前，将口中的生菜一点点地吐出，预示着“生财有道，步步高升”。

第二个节目名为“狮子出洞过三山”，是青云堂渡头梁馆龙狮武术团的绝活表演。只见雄狮在木桥上踩沙煲，连环跳跃，回首惊望，神态矫健。然后，雄狮在长形木凳搭起的三层桩柱上表演，见物必疑，见青则喜，见红则惊，见柱则咬，见木则拔，见水则戏……将狮子“望、闻、听、探、惊、疑、喜、戏”等性情特点，表演得淋漓尽致。

精彩的狮艺表演将现场气氛推向一个高潮，赢得了观众阵阵雷鸣般的掌声，更让外国的民间武术教练、队员投以钦佩的目光，赞不绝口，深深地折服了。

今日渡头村的武术和狮艺更是青少年喜欢的一项体育运动，成为乡村体育文化的一个亮点。狮艺可谓发扬光大，精益求精，不断创新，成为肇庆市参赛代表队之一，可与国内外的同行一较高低。

我们相信：在新的时期，渡头村的这个亮点一定能够绽放出更加夺目的光彩。

渡头杏花庄：肇庆广播电视事业发展历程的驿站

李敏中

肇庆市电视事业起步于1970年，当时电视差转台设在崇禧塔，转播广州电视台（广东电视台前身）的节目，从此肇庆市群众能收看到一套比较清晰的电视节目了。1979年12月电视差转台迁至柑园北路41幢市广播大楼发射，崇禧塔恢复了历史文物的原貌。但随着改革开放的深入，城市建设不断发展，市区高楼大厦增多，城西大片居民收看电视感到困难，引起了肇庆市委、市政府（时为县级）的高度重视，于是，在1980年9月成立肇庆市电视转播台，决定在建设二路渡头村杏花庄选址建设。

杏花庄在渡头村北，其实那里并没有杏花，原为西江北岸的一片菜园、鱼塘和蕉林田畴，是村民赖以生存的耕作基地。因这里收测到广州电视台的讯号最强，是一个十分合适建设肇庆电视转播台的地方。村民们对在杏花庄建设电视转播台表示积极支持，他们为今后收看好电视节目，提高农民精神文化生活充满期待，也为解决肇庆市广大群众收看电视难的问题，促进肇庆市电视事业发展作出应有的贡献。

上世纪80年代初，肇庆地、市两级政府共投资29.4万元在杏花庄征地4.5亩，建起一幢两层楼共100平方米和一幢200平方米的楼房，作为采编、节目制作及办公场所。1982年底，杏花庄电视塔平地拔起，这座71.25米高的钢架塔是当时市区的标志性建筑物了，再加上庭院园林式的设计布局，其雄姿为人瞩目。渡头村也因此成为一条耀眼的村庄。

1983年11月，市电视转播台再添一台彩色电视转播设备，转播广东电视珠江台节目，保障了肇庆市区和高要部分区镇群众能随时收看到广东电视台的节目。1985年5月，市政府拨款40万元购进一台1000瓦彩色电视转播机，转播中央电视一台节目。同年9月，安装卫星电视接收系统，与1000瓦机配套运行。至此，肇庆电视转播台能转播中央、省共3套彩色电视节目。电视信号覆盖赶上城市建设的步伐，群众收视难的问题基本得到解决。

杏花庄电视塔标志着肇庆电视事业进入了新的起点，它经历了肇庆市电视事业的发展、壮大、完善、提高的整个过程。

1985年4月，由广东省、肇庆地区、肇庆市、高要县共同投资建设广州至肇庆广播电视微波线路，以改善肇庆广播电视信号传输质量，该线路长80.35公里，分设广州站、金利金鼓项站、肇庆站。肇庆微波站建设选址于肇庆电视转播台西侧，故再在杏花庄征地8.6亩。1987年9月，广州至肇庆广播电视微波线路建成开通，杏花庄电视塔也兼负着接收、回传广播电视微波信号的任务，电视转播台使用微波传送的电视信号转播，质量有了很大的提高，从而结束了空中收信转播的历史。

1988年地改市后，以原市电视转播台为基础，成立肇庆电视台。肇庆电视台的成立，标志着肇庆市电视事业从转播上级台节目向兼有自己的电视节目播出频道，直接为肇庆市委、市政府和全市人民服务的地市级电视新闻单位的转变。

1994年7月，肇庆市北岭广播电视微波站和电视发射台在北岭山将军顶建成，肇庆→德庆→郁南→封开的广播电视广播电视微波线路建成开通。同时，肇庆电视台的发射设备也迁至山顶发射，有效地覆盖市区和肇庆、云浮两市邻近县市。2000年，肇庆电视台迁往星湖大道广播电视大楼，从此，肇庆市广播电视事业走上了一个新的台阶。

◎民间传说◎

渡头村的传说

从前，梁氏太公在南雄珠玑巷做官。有一年，一位皇妃逃到珠玑巷，被人藏起来，皇帝大怒，要杀绝珠玑巷的人，梁氏太公知道消息，带领 24 姓人逃命到端州。

过了许多年以后，梁氏太公后代衰落了，有一位子孙在“浮云拱月”这处地方养“鸭乸”（即母鸭子），鸭乸下的蛋是双黄的。

一天，烂布衣在附近给一户有钱人家找风水宝地。他从山上回来，主人对下人说：“装一碗九仔粥给先生吃。”主人的第九孙子家里人称他为九仔。烂布衣却误认为主人污辱他，给他吃狗崽粥[1]非常生气，一拂油走了。

傍晚，烂布衣走到梁氏太公子孙的鸭寮里，他觉得梁氏太公子孙的心肠好，给梁氏子孙点了“五里六名山”，即在五里的范围内，找了“浮云拱月”“猪猪暗糊”“冲天彩凤”“鹅公浦卵”“王侯坐车”“牛眠青草”六处风水宝地。烂布衣叫梁氏太公的子孙把祖宗的山坟移葬到这六处地方。

不久，烂布衣叫梁氏太公的子孙迁到渡头居住，在“三元不败”这地方建祠堂。他看到和渡头隔河相望的乌榕山有槟榔髻，是火山，就要他们在村庄的西边建一座水神庙，以水制火。

梁氏太公的子孙做了这三件事之后，渐渐就人财两旺了。

一年，梁挺芳兄弟两人上京考试，离家时，刚好有两只雄鸡飞到他们的家的神台上同声鸣唱。

不久，一队人马“呯呯嘭嘭”打着铜锣，到梁挺芳家报喜，说梁挺芳高中了。梁挺芳的母亲正在筛粉，高兴得连筛子也忘记放下，一边往外走一边筛粉。撒得门口、巷子都是米粉。

她刚回家煮中午饭，第二队人马又“呯呯嘭嘭”打着铜锣来报喜说梁挺芳的弟弟也高中了，高兴得梁挺方的母亲有牙无眼，手忙脚乱中把香炉误认为菜缽，放在饭锅里蒸。

原来，两只公鸡在他们家的神台上同声叫是“双凤啼鸣”，暗示他们兄弟同科。于是，他们家前边的巷子改名为“双凤里”。

后来，梁挺芳兄弟两人一个成了太子皇孙的老师，一个成了名官，文庙也有供奉他们兄弟的牌位。村子西边的河堤上，立了一块碑，上边写着：“宁公堤”三个字，大小官员，到此都要下马。

皇帝见他们兄弟两人同科，实属难得，下圣旨要他们回乡建一座元魁塔，他们把塔址选在西江河南岸的沙头张，已经在山上挖好了塔墩。这时，端州府府台大人上任，来拜访他们兄弟。说：“这么好的花塔，长人家的门风，而且，在朝拜要搭船过河，很不方便，不如将塔建在春风湾。”

春风湾在渡头的东边，风水很好，村里的人到端州城买木料不用运，只要扔进西江河里，木料就会漂到春风湾。流到这里的死尸死牲畜，一会儿就会不见踪迹。兄弟两人觉得府台说得有理，决定在春风湾里建花塔。

府台下令，凡是来往的船只，一定要在春风湾里倒两箩泥，扔两块大石才能通过。就这样，春风湾慢慢被填平，在这里建了元魁塔。

注释：①广州话九仔与狗崽近音。

附记：据民国《高要县志》，渡头梁氏太公梁夔，宋咸平元年（公元 998 年）进士，由南雄通判升端州知州落籍渡头村。据宣统《高要县志》，梁挺芳、梁挺高兄弟同时于明万历三十一年（1603 年）中举。梁挺芳曾任旌德知县，因得罪权贵被罢官。家居建护城塔寺，卒祀乡贤祠。元魁塔建于明天启三年（1623 年）系梁氏兄弟所建。

一九八七年十月采录于渡头村

讲述者：梁佐炎　整理者：覃志端

二塔的传说

旧时间（即以前），渡头村西边有座牌坊写着“宁公堤”三个字，据说是太师梁储写的。无论状元、秀才、文武官员走过这里都要下马。

一个风水先生眼红渡头村的风水好，就对渡头村的人说：“如果你们在村东边建一座塔，风水就更好了。”

渡头村的人听信了风水先生的话，在村东边建了二塔。渡头村是乌鸦之地，建二塔的地方，正好是乌鸦头，压住乌鸦不能飞。结果，渡头村的风水被破坏了。要不，渡头村会很发达的。

其实，二塔是元魁塔，是为有功名的人立的。

附记：二塔，相对于头塔（崇禧塔）而言，本名元魁塔，始建于明天启三年（1623 年），位于渡头村东南侧。

梁储，字叔厚。顺德人，陈献章学生，成化十四年会试第一。正德十年官至首辅（宰相）。嘉靖年间死去，追赠太师。

一九八七年五月二十七日采录于东区图书室

讲述者：谭容带　整理者：杨然华

景日昣和景福围

清朝咸丰年间，西江河水暴涨，皇城围出现险情，渡头村西边水射地段非常危险。

县官景日昣来到这地方，指挥民工护堤。有些地方泥土塌了，堤围就要缺口，人们大惊失色，有些人转身准备逃跑，景知县镇定自若，把交椅放到就要被洪水冲缺的地方，坐到交椅上，指挥兵丁民工继续挑土护堤，人们见县官大人脸无惧色，谁也不敢退缩了。

因为洪水太大，水射地段还是缺口了。景知县命令人们将泥土倒进缺口里，却一下子就冲得不知去向；他又命令人们向缺口投放石块，石块也被冲得无影无踪。他便叫人们抬来铅锭扔进缺口。因为铅锭很重，洪水冲不走，缺口的水势减慢了，附近的村庄才没受到很大的损失。

洪水退了以后，人们又感激又敬佩景知县，便把皇城围称为景福围。还在水射的西边建了一座飞鹅庙。庙里写着景福两个大字。意思是托景大人的福，以后免受水灾。大雾天，雾把附近的东西都遮住了，令人惊奇的是大雾天怎么也遮不住景福两个字，就是最大的雾，也不能罩住景字里边的口字。据说飞鹅庙里原来有两只白石雕成的鹅，有一只飞走了，只剩下一只。庙前堤围南坡靠近河边的一处地方，青草长得特别好，冬天，周围的草干枯了，只有这地方的草还是绿油油，据说这草是专门长给庙里的飞鹅吃的。

附记：景日昣，康熙三十六年（1697 年）至四十二年高要县知县。康熙四十年五月大水，堤裂四十余丈，景日昣组织救堤，并建厚载祠“镇鹅怪”。命名河堤为“景福围”。

一九八七年九月十日采录于渡头村

讲述者：梁佐炎　整理者：覃志端

人物

◎人物录◎

科甲世居渡头

梁　夔　宋咸平戊戌进士第十九名，初授南雄州判，后起河南监察御史，两敕端州刺史。（始祖）

梁　卞　宋治平丙午举人，任宣义郎。（二世）

梁汝器　宋元祐丁卯举人，任承务郎。（三世）

梁岩叟　宋建炎己酉举人，任端州学正。（四世）

梁斗南　宋淳祐辛丑进士，任集贤院直学正。（五世）

梁祥应　宋淳祐壬子举人，任广西南流教谕。（五世）

梁公锡　宋咸淳乙丑进士，任江西布政司参政。（六世）

梁至孙　元大德丙午举人，任新州同知。（六世）

梁寿卿　元至正庚子举人，任肇庆府路判。（七世）

梁敏明　明洪武壬子举人，任翰林院左春坊左赞善奉政大夫，修正庶尹崇祀府学乡贤。通志郡志有传。（七世）

梁　矩　明洪武丙子应天中第二名经魁，任新昌县教谕。（九世）

梁　弼　明永乐戊子举人，任宁德县主簿。（十世）

梁伯振　明永乐辛卯举人，任平乐府教授。（九世）

梁　全　明正统甲子举人，任武昌府教授。（九世）

梁能安　明正统甲子应天举人，任四川蜀府长史。（十世）

梁能定　明景泰庚午举人，任荔浦县教谕。（十世）

梁挺高　明万历癸卯举人。（十五世）

梁挺芳　明万历癸卯举人，旌德县知县。崇祀府县两学乡贤，郡志有传。（十五世）

梁莹清　清雍正己酉举人，任甘肃高台县知县。改授惠州府归善县教谕。

梁佐中　清道光戊子举人，大挑一等分发河工知县。（二十世）

贡监世居渡头

梁霆亨　宋宝庆丙戌岁贡，任端州学老。

梁魁杰　宋淳祐辛丑选贡，任福建儒学提举。

梁以道　元至大戊申岁贡，任德庆书院长。

梁以德　元皇庆壬子岁贡，任高要县主簿。

梁以忠　元皇庆癸丑岁贡，任封川教谕。

梁以顺　元泰定甲子岁贡，任高要县尉。

梁　瑜　明洪武辛亥拔贡，任江西按察司佥事。

梁祖荣　明洪武戊辰岁贡，任河南柘城县知县文林郎。崇祀柘城名宦。

梁祖弘　明洪武己巳选贡，任广西临桂县丞。

梁　继　明正统戊午选贡，任云南樗都训导。

梁　昌　明正统癸亥选贡，任山东华荫县丞。

梁　嵩　明成化壬辰岁贡，考监元。

梁　富　明成化丙申选贡，任广西滕县丞。

梁　缄　明弘治己酉新兴学岁贡，任衡山县主簿。

梁　登　明正德丁卯岁贡，任湖广布政司都事。

梁　梓　明正德甲戌阳春学岁贡，任广西融县丞。

梁　晏　明嘉靖丙戌开建学岁贡，任南京灵璧县丞。

梁　沛　明嘉靖庚子岁贡，任江西宁州同知儒林郎。郡志有传。

梁　溢　明嘉靖癸丑岁贡，任福建漳浦县训导。

梁可学　明隆庆丁卯岁贡，任广西柳州府照磨。

梁　汴　明隆庆己巳恩贡，任湖广楚府纪善。

梁可悦　明万历己丑开建学岁贡，任江西乐平县训导。

梁居正　明万历戊戌岁贡，任海阳县教谕。

梁匡时　明弘光乙酉恩贡，任礼部仪制司主事，承德郎恩纶封赠。

梁应时　明隆武丙戌恩贡，任户部福建清史司主事。

梁是梓　明永历戊子拔贡。

梁元植　清康熙庚申监生，由府学附生。

梁梦捷　梁子瑨　梁天元　梁式愈　梁高丽　梁利九　清康熙监生。

梁任臣　梁光裕　梁可材　清雍正监生。

梁简然　梁月川　清乾隆监生。

梁启元　梁观治　清同治监生。

梁大俊　梁观沂　梁文烈　清咸丰监生。

武途世居渡头

梁在廷　清雍正辛亥任肇庆水师中军守备。

梁天聪　清乾隆丙戌任庆国公标下游击。

梁　璘　清乾隆乙未任督标右营千总。

梁天锡　清康熙任广西梧州水师守备。

梁锦鳌　清嘉庆丁酉任征逆将军标下守备。

梁捷高　清嘉庆丙子任督标中营千总，历署督标前营、右营、后营守备。

梁观汇　清同治丙子任督标后营军功六品候补把总。

梁浩年　清咸丰庚寅任肇协阳春营总司。

梁平高　清咸丰丙子任督标前营总司。

异路世居渡头

梁以文　元至大戊申任化州吏目。

梁　会　明洪武甲子任江西上高县丞。

梁　干　明洪武丙子任四会阴阳学训术。

梁端璋　明永乐戊子任留守司吏目。

梁伯方　明永乐辛卯任湘潭驿丞。

梁　情　明永乐任云南布政司库官。

梁　尚　明永乐任云南吏目。

梁　重　明正统丙午任泉州仓大使。

梁本德　明正统任省祭。

梁　甫　明正统任省祭。

梁　瑚　明成化壬子任广西隆安县典史。

梁道成　明成化任高蛮滩巡检。

梁　晖　明成化任省祭。

梁　謜　明弘治任高州仓大使。

梁太源　明正德任省祭。

梁一鸿　明正德任永福县典史。

梁日校　明万历任省祭。

梁宁广　明万历庚午任甘棠驿丞。

梁永会　明万历任象州仓大使。

梁乔桧　明万历任贵州吏目。

梁文明　明万历任广西富川县巡宰。

梁万言　明万历任南京婴武仓大使。

梁志霄　明万历任新安仓大使。

梁　著　清康熙任省祭。

梁建宸　清康熙任省祭。

梁挺霄　清康熙任税课。

梁圣恩　清康熙任本府阴阳学正术。

梁献策　清康熙任广西苍梧县丞。

梁以聪　清康熙任本县阴阳学训术。

梁可举　清乾隆任广西王府典部。

梁应爵　清乾隆任广西王府典仪。

援例世居渡头

梁　瑗　明永乐授礼部儒官。

梁适时　明隆武丙戌恩贡任光禄寺署丞由府学生员。

梁秉璋　清康熙任太常寺典部由府学生员。

梁遵宪　清乾隆任太常寺协律。

乡饮世居渡头

梁辉典　明永乐冠带乡宾。

梁文质　明永乐恩荣冠带。

梁永厚　明正统冠带乡宾。

梁　濂　明成化恩荣寿官。

梁本齐　明成化恩荣寿官。

梁匡劭　明成化恩荣寿官。

梁凌霄　明万历冠带乡宾。

梁文彩　明万历恩荣冠带。

梁廷举　明万历冠带寿官。

梁　斗　明万历恩荣寿官。

迁居广州

梁可大　明嘉靖甲午举人，任太平府同知。

梁　冉　明嘉靖戊午举人，任都匀府知府。

乡贤

明奉政大夫，左春坊左赞善，崇祀肇庆府学乡贤梁敏。

明敕赠晋階文林郎，知旌德县事，崇祀两学乡贤梁挺芳。

名宦

明洪武戊辰岁贡，任河南柘城县知县。文林郎。崇祀柘城名宦梁祖荣。

孝子

明郡庠俊士，以事父孝行，举送府学生员梁鼎臣。

烈妇

清邑庠梁元栋妻邓氏，康熙丙辰，伪周变乱，逃到岗尾悬于树上身亡。

仙释世居渡头

梁延（仲房十五世），中年开始食素看经，明万历癸卯与法号了凡的僧人磊石筑建烂柯寺。一生中，往往眼看其来到，僧人捧茶出迎，却四处找不到人，待他第二天早上回到家，才知其下落。因而对其如仙人一样隐约形现的行为踪迹，由衷赞叹。

附录

◎渡头梁氏族谱◎

（宋～明）

始祖

讳燮

字如和号梅峰行二九七八年生河南洛阳人宋咸平元年戊戌春第十九名进士初试南雄州判后河南监察御史两敕端州刺史中议大夫宋天禧年开辟渡头而世家享年八十一载

合（小七）

卞（小八）

宋治平年丙午举人任宣义郎宋景祐三年丙子秋八月初七从南雄招来二十九姓二百七十男口来高要垦荒三十九年力田三百五十顷入于家输于国享年七十八载

盛（小九）

栋（念五）

汝器（念九）

宋元祐丁卯举人任承务郎享年八十七载

敬（念十）

汝器—岩叟（字隐之号闲夫　宋建炎已酉举人任端州学正）

- 斗南（宋淳祐辛丑进士　任集贤院直学）—福子　伯房
- 霆亨（宋宝庆丙戌岁贡　任端州学老）—公锡（宋咸淳乙丑进士　任江西布政司参政）　仲房
- 祥应（宋宝祐壬子举人　任广西南流教谕）—至孙（元大德丙午举人　任新州同知）　叔房
- 魁杰（宋淳祐辛丑选贡　任福建儒学提举）—桂子　季房

伯房族谱

第一世　第二世　第三世

梁燮——卞——汝器

燮：字汝和号梅峰行二宋咸平元年戊戌进士第十九名初试南雄州判后起河南监察御史祥符年间两敕端州刺史中议大夫历任一十一载享年八十一河南洛阳人怀来南雄珠玑里遂卜世居于渡头焉葬练滘山又名马脑山

卞：乳讳小八宋治平丙午举人任宣议郎享年七十八娶龙氏合葬蓝塘醉翁山赖布衣扦坐寅向申之原

汝器：乳讳念九宋元祐丁卯举人任承务郎享年八十九娶莫氏合葬高明县大幕都水尾村冲霄凤山赖衣扦坐庚向甲之原

伯房　第四世　第五世　第六世

汝器——岩叟——斗南——福子

岩叟：字隐之号闲夫宋建炎己酉举人任端州学正享年四十七娶陈氏合葬头溪都冷水坑将军山赖布衣扦坐申向寅之原

斗南：宋淳祐辛辛丑进士任集贤院直学

福子：葬蓝塘山

- 福子
  - 寿卿（元至正庚子举人任肇庆府路）——第七世
    - 文冕（元帅府奏差）——第八世
      - 医祐——第九世
      - 医保
    - 公茂
      - 祖保
      - 祖德
      - 祖昌
    - 晚成
      - 祖孙
    - 晚得
      - 方平
      - 丙孙

仲房族谱

第一世　第二世　第三世

梁燮——卞——汝器

燮：字汝和号梅峰行二宋咸平元年戊戌进士第十九名初试南雄州判后起河南监察御史祥符年间两敕端州刺史中议大夫历任一十一载享年八十一河南洛洛阳人怀来南雄珠玑里遂卜世居于渡头焉葬练滘山又名马脑山

卞：乳讳小八宋治平丙午举人任宣议郎享年七十八娶龙氏合葬蓝塘醉翁山赖布衣扦坐寅向申之原

汝器：乳讳念九宋元祐丁卯举人任承务郎享年八十九娶莫氏合葬高明县大幕都水尾村冲霄凤山赖衣扦坐庚向甲之原

仲房　第四世　第五世　第六世

汝器—岩叟——霆亨——公锡

岩叟：字隐之号闲夫宋建炎已酉举人任端州学正享年四十七娶陈氏合葬头溪都冷水坑将军山赖布衣扦坐申向寅之原

霆亨：宋宝庆丙戌岁贡任端州学老享年七十五娶邓氏合葬五马古宛即木星山

公锡：字叔文宋咸淳乙丑进士任江西布政司参政享年八十四岁娶莫氏黄氏附葬高明县冲霄凤山

第七世　第八世　第九世

公锡
- 适男
  - 绍伯
    - 观礼
    - 观起
    - 观行
- 鼎元　出嗣桂子
- 誕孙　字仲敷　娶程氏
  - 汉毓　字惠中享年八十二　娶唐氏葬山州山
    - 祖善
    - 祖正
    - 祖荣　明洪武辰岁贡初授广西南宁府武缘县转河南归德府柘城县知县入祀柘城学名宦娶刘氏胡氏葬
    - 祖安
    - 祖定
    - 亚六
  - 汉昌
    - 祖广
    - 祖弘　明洪武已丑选贡任广西临桂县丞
    - 祖达
  - 汉超　字适中娶陈氏附葬高明冲霄凤山
    - 祖胜
- 雍孙
  - 汉护　字盛中娶杨氏陈氏
    - 祖志　葬高明鹅公山
    - 祖成　出嗣汉保
  - 汉保　字祐中以汉护次子嗣
    - 祖成　改讳矩承嗣明府学恩贡洪武丙子南监中应天第二名初任陆川县教谕昇绍兴府新昌县教授七十一载致仕享年九十六娶曾氏葬高明梧桐牛眠春草山

叔房族谱

第一世 第二世 第三世

梁 燮——卞——汝器

燮：字汝和号梅峰行二宋咸平元年戊戌进士第十九名初试南雄州判后起河南监察御史祥符年间两敕端州刺史中议大夫历任一十一载享年八十一河南洛阳人怀来南雄珠玑里遂卜世居于渡头焉葬练滘山又名马脑山

卞：乳讳小八宋治平丙午举人任宣议郎享年七十八娶龙氏合葬蓝塘醉翁山赖布衣扦坐寅向申之原

汝器：乳讳念九宋元祐丁卯举人任承务郎享年八十九娶莫氏合葬高明县大幕都水尾村冲霄凤山赖衣扦坐庚向甲之原

叔房 第四世 第五世 第六世

汝器——岩叟——祥应——至孙

岩叟：字隐之号闲夫宋建炎已酉举人任端州学正享年四十七娶陈氏合葬头溪都冷水坑将军山赖布衣扦坐申向寅之原

祥应：宋绍熙壬子举人任广西南流教谕娶严氏附葬蓝塘醉翁山

至孙：号东齐元天德丙午举人任新州同知娶苏氏江氏王氏附葬将军山

第七世 第八世 第九世

至孙
- 以道 元至大戊申岁贡任德庆路判 三州书院长娶郭氏葬岗头
  - 端珍 娶陈氏
    - 仙養
- 以德 出嗣族伯道宁
- 以文 任化州吏目享年六十八娶李氏陈氏
  - 端璋 任留守司吏目
  - 端玉
  - 兴成
  - 兴积 娶李氏
    - 奭 娶陈氏
- 以章 享年八十三娶陈氏
  - 端壁
    - 财皁
- 以敬 享年八十七娶林氏
  - 端瑜 改讳瑜明洪武辛亥拔贡任端州主部昇江西按察司佥事娶杜氏
  - 端瑞
    - 亚玄
    - 亚趟
  - 端翔
    - 干
- 以忠 元皇庆癸丑岁贡任封川教谕娶蓝氏陈氏
  - 端民 娶何氏
    - 昌昇
    - 昌旭
    - 昌晟
    - 昌立
    - 昌旦

第七世

以顺 元泰定甲子岁贡任本县尉字原从娶伍氏李氏

以寿 享年六十六娶陈氏

以纳 改讳敏号雲苹性孝友颖悟能文明洪武壬子举人初任清远县教谕升繁昌县丞又宛平县丞永乐戊子奉命作午门观灯赋御掌点曰快作文章老秀才昇左春坊左赞善另辞致仕崇祀府学乡贤通志有传享年九十七娶刘氏葬水坑村狮子山

第八世

以顺子：
- **端琛** 娶蒯氏邓氏
- **端瑛** 娶李氏附葬蓝塘醉翁山
- **端琳** 娶蒙氏

以寿子：
- **端瑀** 娶李氏
- **端瑗**
- **端珅**
- **端瑾**

以纳子：
- **端珐**
- **端玮**

第九世

端琛子：克念、果、冀

端瑛子：
- **伯振** 明永乐辛卯举人任桂林府训導昇桃源县教谕乐平教授又浔州府教授致仕娶伍氏
- 伯信、伯华、伯永、伯通、辅阴

端琳子：克勤、克宽、克俭

端瑀子：伯方、伯晟、伯昇

端瑾子：伯远

端珐子：**允修** 娶尹氏陈氏

端玮子：**允直** 改讳全明正统甲子举人任广西南宁府隆安县教谕昇湖广武昌县教授娶谢氏黄氏迁居洋城

季房族谱

第一世　　第二世　　第三世

梁燮——卞——汝器

梁燮：字汝和号梅峰行二宋咸平元年戊戌进士第十九名初试南雄州判后起河南监察御史祥符年间两敕端州刺史中议大夫历任一十一载享年八十一河南洛洛阳人怀来南雄珠玑里遂卜世居于渡头焉葬练滘山又名马脑山

卞：乳讳小八宋治平丙午举人任宣议郎享年七十八娶龙氏合葬蓝塘醉翁山赖布衣扦坐寅向之原

汝器：乳讳念九宋元祐丁卯举人任承务郎享年八十九娶莫氏合葬高明县大幕都水尾村冲霄凤山赖衣扦坐庚向甲之原

季房　第四世　　第五世　　第六世

汝器——岩叟——魁杰——桂子

岩叟：字隐之号闲夫宋建炎已酉举人任端州学正享年四十七娶陈氏合葬头溪都冷水坑将军山赖布衣扦坐申向寅之原

魁杰：宋淳祐辛丑岁贡任福建儒学提学

桂子：以公锡次子嗣葬后塘山

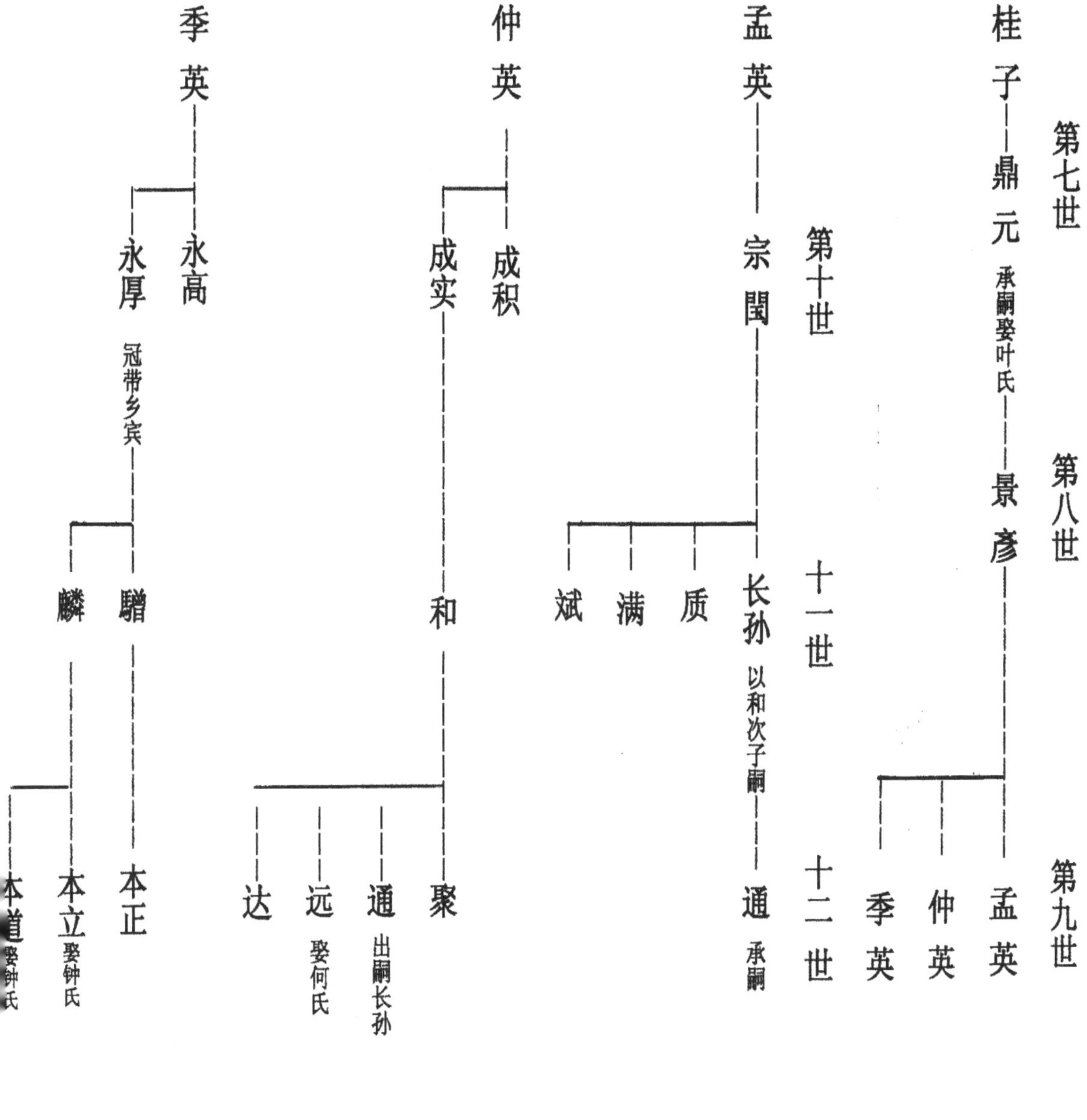

第七世
第八世
第九世
第十世
十一世
十二世
桂子
鼎元
承嗣娶叶氏
景彦
孟英
仲英
季英
孟英
宗閫
长孙
以和次子嗣
质
满
斌
通
承嗣
仲英
成积
成实
和
聚
通
出嗣长孙
远
娶何氏
达
季英
永高
永厚
冠带乡宾
驓
麟
本正
本立
娶钟氏
本道
娶钟氏

盛房族谱

第一世 梁燮

字汝和号梅峰行二宋咸平元年戊戌进士第十九名初试南雄州判后起河南监察御史祥符年间两敕端州刺史中议大夫历任一十一载享年八十一河南洛阳人怀来南雄珠玑里遂卜世居于渡头焉葬练滘山又名马脑山

第二世 盛——乳讳小九

第三世 敬 乳讳念十

（杏花庄）盛房 第四世 第五世 第六世 第七世

敬——元素——执中——道宁——以德

以德：族弟至孙次子嗣娶符氏元皇庆壬子岁贡任本县主部

◎厚岗村民委员会村规民约自治章程◎

（自 2011 年 12 月 1 日起实施）

第一章 总 则

第一条　根据《中华人民共和国村民委员会组织法》《广东省实施〈中华人民共和国村民委员会组织法〉办法》《广东省村务公开条例》《广东省村务管理办法（试行）》《端州区村务管理工作细则（试行）》等有关规定，制定本章程。

第二条　本村实行村民自治，是在国家法律、法规和政策范围内，在村党支部的领导和街道办事处的指导下，由村民委员会具体组织管理本村的政治、经济、文化及其他社会事务。

第三条　本章程是本村全体村民的行为规范，必须严格遵守，并由本村民委员会具体组织实施，村民会议和村民代表会议监督执行。村民是指具有本村农业户口的人员和有股权的在册非农业户口的村民（不含户口回迁的离退休干部职工、下岗工人和非农业户口人员）。

第二章 村 民

第四条　村民权利

（一）依照国家法律、法规及上级有关政策规定享有的一切权利。

（二）参加村务活动，对村务管理提出意见和建议、对村干部和村务进行监督。

（三）18 周岁以上的村民（依法被剥夺政治权利的人除外）有选举权和被选举权，有参加村民会议讨论决定重大问题的权利。

（四）享受本村的各项公共福利。

第五条　村民义务

（一）遵守国家法律、法规和上级有关政策及本村村民自治章程，执行村民会议、村民代表会议的决议、决定。

（二）按时完成村民委员会交给的各项任务，履行符合法律规定的其他义务。

（三）团结互助，尊老爱幼，维护集体利益。

（四）移风易俗，争当文明村民。

第三章　村民组织

第一节　村民会议

第六条　农村集体经济组织的最高权力机构是成员（村民）大会。凡涉及成员切身利益的重大事项，必须提交成员大会讨论决定。

农村集体经济组织对具体事项的表决，可以通过召开成员（村民）代表会议的形式进行。成员（村民）代表会议表决通过的事项应当公示 5 天。三分之一以上有选举权的成员提出异议的，应当提交成员大会重新表决。

成员（村民）大会或者成员（村民）代表会议实行“一人一票制”或者“一户一票制”等表决方式。

农村集体经济组织成员大会，应当有本组织具有选举权的成员的半数以上参加，或者有本组织三分之二以上的户的代表参加，所作决定应当经到会人员的半数以上通过。

农村集体经济组织召开成员（村民）代表会议，应当有本组织三分之二以上的成员代表参加，所作决定应当经到会代表三分之二以上通过。

第七条　村民会议成员

村民会议成员由本村 18 周岁以上的村民或本村各户的代表组成。在遵守宪法、法律、法规和国家政策的原则下，村民会议对本村事务具有最高决策的权力。

第八条　村民会议时间

有三分之一以上的村民提议，可以临时召集村民会议。

第九条　村民会议职权

（一）依法选举、罢免和补选村民委员会成员，审议决定村民委员会成员的辞职请求。

（二）制定和修改本村村民自治章程、村规民约等规章制度，并报街道办事处备案。

（三）撤销或者改变村民代表会议、村民委员会不适当的决议、决定。

（四）审议决定村民会议认为应当由其决定的涉及村民利益的其他事项。

（五）集体所有的土地、物业等资产的合资、合作、合股经营和出让、转让等事项。

（六）宅基地分配等。

（七）合同凡出租楼房面积超过（含）1000 平方米和商铺超过（含）200 平方米的集体资产和集体经济实体发包、租赁及其合同的变更。村委会（联社级）可以通过召开村民代表会议的形式进行，但必须在本《村规民约自治章程》（本章程必须召开村民大会通过）中有约定的。

（八）经济社级的经济项目和公共基建项目 10 万元以上工程项目的立项。村委会（联社级）可以通过召开村民代表会议的形式进行，但必须在本《村规民约自治章程》（本章程必须召开村民大会通过）中有约定的。

（九）国家建设征地事项。

（十）征地补偿费及青苗款的使用及分配方案。

（十一）村民负担的款项、物资的数量和使用。

第二节 村民代表会议

第十条 村民代表会议成员

村民代表会议由村民代表、村党支部成员、村民委员会成员和户籍在本村的各级党代表、人大代表、政协委员参加。

村民代表名额按每十户确定一人，本村民小组过半数的选民或三分之二以上户代表以无记名投票选举产生，任期与村民委员会相同，可以连选连任。村民代表中妇女应当有适当的名额。

第十一条 村民代表会议时间

村民代表会议一般一个季度举行一次，特殊情况或有三分之一以上村民代表提议，可以临时召开村民代表会议。召开村民代表会议，应当有三分之二以上的村民代表参加，所做决定，应当经到会人员过半数通过。

第十二条 村民代表会议职权

（一）决定聘用本村财会人员和其他村务管理人员，决定本村享受补贴人员及补贴标准。

（二）听取、审查和批准村民委员会的工作报告、财务收支计划和执行情况报告；审议决定本村建设规划、经济和社会发展规划及年度工作计划，以及有关公共事务、公益事业的其他重大事项。

（三）审议决定本村集体经济项目的立项、承包方案及村公益事业的建设承包方案，决定村集体经济收益的使用。

（四）审议决定统筹款的收缴办法、村提留款的收缴和兴办公益事业的经费筹集办法。

（五）审议决定征用集体所有土地各项补偿费的使用、宅基地分配和计划生育指标安排的方案。

（六）决定对村级财务和村民委员会主要负责人任期经济责任进行审计，对村民委员会成员的年度工作进行评议。

具体事项如下：

1、审议通过本村的财务收支计划及执行情况，集体经济收益分配方案，集体资产的清理和债权、债务的处理，扶持、捐赠、优抚、优待和救灾救济等款物的收支、发放。

2、经济社级的合同凡出租楼房面积（含）1000平方米以下和商铺（含）200平方米的集体资产和集体经济实体发包、租赁及其合同的变更。

3、村委会级的合同凡出租楼房面积超过1000平方米（含1000平方米）和商铺超过200平方米（含200平方米）的集体资产和集体经济实体发包、租赁及其合同的变更。

4、村委会级的经济项目和公共基建项目10万元以上工程项目建设；经济社级的经济项目和公共基建项目10万元以下工程项目的建设。

5、经济项目和公共基建项目招标、投标、建设进度、验收结算等。

6、村务管理人员（村、组两级干部及财会人员）的职务补贴、提成奖励标准，聘用人员及待遇，按端州区人民政府、黄岗街道办事处有关的指导文件执行。

第三节 村民委员会

第十三条　村民委员会主要职责

（一）依照法律、法规规定管理本村属于村民集体所有的土地和其他财产；编制并实施本村经济和社会发展规划及年度工作计划；管理本村财务；教育村民爱护公共财物和设施，珍惜土地，合理开发利用自然资源，保护和改善生态环境。

（二）巩固和壮大村级集体经济，管理本村村民集体所有的各类经济组织；支持集体经济组织和其他经济组织依法独立进行经济活动。

（三）编制并实施本村建设规划，按照规划修建村道，指导村民建设文明村、卫生村，整顿村容村貌，发展公益事业，搞好公共卫生，改善居住环境，提高村民健康水平。

（四）促进村民团结和家庭和睦，照顾五保户、特困户和军烈属；依法调解民间纠纷；教育村民加强团结，互相帮助、互相尊重；代表本村处理与邻村的纠纷，维护村与村之间的团结；协调处理村民小组之间的关系；协助有关部门维护社会治安和生产生活秩序；协助有关部门对被依法剥夺政治权利的村民进行教育、帮助和监督。

（五）开展多种形式的精神文明活动，提高村民思想道德素质和科学文化水平，移风易俗，树立社会主义新风尚。

（六）宣传贯彻宪法、法律、法规和有关政策，教育和推动村民自觉履行纳税、服兵役、计划生育等依法应尽的义务。

（七）协助街道办事处开展工作；向街道办事处反映村民的意见、要求和提出建议，维护村民的合法权益。

（八）召集村民会议和村民代表会议并报告工作，执行村民会议和村民代表会议的决议、决定。

第十四条　村民小组的职责

村民小组在村民委员会领导下开展工作。村民小组长负责组织本组村民对本组集体所有的土地和其他财产依法进行经营管理；办理本组的公共事务和公益事业；执行村民会议、村民代表会议和村民委员会的决议、决定。

第四节　村组干部廉政守则

第十五条　正确行使权力，依法依章为民办事；不以权谋私，不滥用职权、玩忽职守，推诿属于职权范围内的工作事项，有意刁难群众。

第十六条 廉洁奉公、勤政爱民，艰苦奋斗、勤俭节约，不贪污和私分集体公款公物，不挥霍集体钱财、奢侈浪费、贪图享受。

第十七条 发扬民主作风，坚持民主集中制原则，不准在涉及村、组集体利益和群众切身利益的重大事项决策中搞个人专断、“暗箱操作”；不准干扰各项工程招标和强行指定工程承包者。

第十八条 不准搞宗族帮派，不准以家族势力干预涉及村组集体利益和群众切身利益的重大事项的决定。

第十九条 办事襟怀坦荡，不准隐瞒真相，歪曲事实，推卸和逃避责任；不准背后搞小动作影响团结，不准对发表批评意见者、检举揭发者进行打击报复。

第二十条 移风易俗，树立文明新风，不准组织或参与封建迷信活动。

第二十一条 村、组党员、干部坚持自重、自省、自警、自励，自觉接受党支部和群众的监督。

第四章 集体资产和财务管理制度

第一节 农村集体资产管理

第二十二条 资产产权

本村委会内农村经济联合社、经济合作社的资产属于农村集体所有，包括：

（一）法律规定属于农村集体所有的耕地、荒地、山地、森林、林木和林地、水面、滩涂等自源资源，农村的宅基地、自留地、自留山的产权属于集体所有。

（二）经联社、经济社投资投劳兴建的建筑物、构筑物，以及购置的交通运输工具、机械、机电设备等财产。

（三）经联社、经济社及其企业所拥有的现金、存款、有价证券。

（四）依法属于集体所有的其他资产。

第二十三条　集体资产管理

（一）设立资产台账。以经联社、经济社为单位设立固定资产台账、土地台账、合同台账、已核销的三年以上呆账坏账备查台账，对每项资产的数量、价值进行动态记录。

（二）定期清产核资。货币资金每月与银行对账单核对，与库存现金核对；财产和债权、债务每年年终决算前进行清理；单项 1000 元以上的财产和债权、债务清理报街道办农经站备案。

（三）实行民主管理、民主决策

召开各级会议（见上述“村民会议”及“村民代表会”内容）

（四）规范合同管理

1. 成立承包合同管理小组。经联社的承包合同管理小组可以由村“两委”成员、财会人员和理财小组兼任。各经济社的承包合同管理小组可以由村小组成员、财会人员和理财小组成员兼任。

2. 公开招标的专业承包（租赁）项目，应在投标前 10 天张榜公布，涉及标的额合同出租楼房面积超过（含）1000 平方米和商铺超过（含）200 平方米的集体经济实体发包、租赁及其合同的变更。项目的发包方式、期限和条件：村级（经济联合社）要提请村民代表会议通过；组级（经济合作社）要提请村民会议或户代表会议通过。涉及标的额合同凡出租楼房面积在 1000 平方米和商铺 200 平方米以下项目的发包方式、期限和条件由村民代表会议讨论决定。

3. 履行合同鉴证手续。承包合同签订前应该到街道办事处农经站复审，经司法所鉴证后方可签订，并报街道办农经站备案，以确保主要条款齐全、内容合法、手续完备、形式规范，受法律保护。

4. 合同文件及时归档。合同签订 10 天内，合同原件及相关的会议记录文件必须移交村委会档案室存档。

5. 将合同签订及履行情况公开，接受村民监督。以经联社、经济社为单位，将每一合同的签订情况，应收和实收情况填列《租金及承包收入情况表》，并与财务报表一并按月上墙公布。

（五）兴办经济项目和基建工程管理

集体经济组织兴办经济项目和以资金、固定资产、土地等集体资产对外投资或合作项目，必须做出可行性分析报告，报告内容包括资金来源和运用计划、管理与经营的方法、经济效益和资产变动等相关条款。并按上述民主管理、民主决策程序批准，报街道办事处备案后实施。

经批准的村组集体投资项目的招标，要制定招投标方案，按上述民主管理、民主决策程序批准，再以公告形式向社会公布方案，并按规定时间投标。投标会由竞投者及街道办事处工程招标领导小组、街道办驻村干部、村组干部、村民代表、理财小组成员、党员代表参加，开标结果当场公布。施工期间要指定专人负责抓好工程的进度和质量。工程竣工，村、组级村民代表、理财小组成员组成验收小组会同专业部门进行工程验收。经过验收合格后，要及时做出结（决）算，结算资料报街道办事处备案，并办理财务入帐手续和资料归档工作。

（六）印章管理

村党支部、村民委员会、集体经济组织的印章要严格管理，严格实行使用审批制度，使用印章要做好记录。

村党支部印章由村党支部委员管理，由党支部书记审批使用；村民委员会印章保管人由文书管理，印章使用由村民委员会主任审批。村党支部书记、村民委员会主任不宜直接保管印章。

集体经济组织印章由村委会指定专人管理，由集体经济组织主要负责人审批使用。凡涉及贷款、征用土地、承包、对外签订合同等需使用印章时，要按民主管理、民主决策的有关规定做好决策和审核程序后方可使用。

（七）村民委员会要建立村务管理档案。档案资料要真实、完整、规范。村民委员会应当建立专门档案室，指定专职档案管理员，实行档案综合、规范管理。会计档案、经济合同及重大经济业务、村民决策会议记录实行统一管理，专人负责。建立会计档案立卷、归档、保管、查阅和销毁制度，会计电算化资料用打印资料和移动硬盘进行备份；基建工程、投资项目按项目进行资料归档，归档资料包括：村民会议通过的有关事项、立项会议记录，资金使用报批文件，建设工程图纸、预算，招标公告，招标说明书，投标会议记录，完工验收记录；其他的征地、宅基地分配等重大经济事项归档资料，包括村民决策会议记录、立项批文、协议等相关文件。

（八）资产流转（指拍卖、出售、转让、合并、股份经营等）经民主决策，并履行评估、审核报批等环节程序，使集体资产合理流动。

（九）实行资产运行情况向街道办事处报告制度。财务月报表、租金及承包收入合同执行情况用文字报表按月报告，年度财务决算报告用电脑存盘并附文字报表上报存档。

第二节　农村集体财务管理

第二十四条　会计基础工作规范

（一）严格执行《会计基础工作规范》（财会字 [1996]19 号）和《村集体经济组织会计制度》（财会〔2004〕12 号），取得财政部门审批为“会计基础工作规范化单位”。

（二）年度财务收支必须在年初由财务人员按村、各组实际制度计划预算，经村民会议讨论通过后方可实施。

（三）每一经济业务发生，都要取得合法的原始凭证，并据以编制会计凭证，按《会计法》及有关制度规定手续和时间，由会计人员进行审核及进行帐务处理。

（四）按《村集体经济组织会计制度》所列《会计科目表》准确使用会计科目，不得擅自增设、变更财政部、农业部规定的一级、二级会计科目。根据管理需要设置的二、三级明细科目的，必须报请街道办事处农经站审批并备案。

（五）设置现金和银行存款日记帐。对现金及银行存款业务的每笔收支实行序时登记，日结余额，每月与银行对帐单及现金余额核对，未达帐要通过银行存款余额调节表核对相符；设置总分类帐和各种必要的明细分类帐，总分类帐的各科目余额与所管辖的明细科目余额总额每月核对相符。

（六）实行集体货币资金银行基本户管理，按国家《现金管理规定》严格现金使用范围。

（七）建立货币资金内部控制制度。实行会计、出纳分岗，会计员不经管现金；现金与银行存款分记，出纳账每月与会计账与库存现金、银行对帐单核对相符；向外单位及个人收款使用统一规定的合法收款凭证；其中：土地承包、租赁收入使用税务发票，内部往来收款使用区农业局印制的统一收据；会计开票，出纳收款；收入及时缴库，不允许坐支、挪用、公款私存、不允许白条（白头单）抵库；已开具的收款凭证三个月内未能实现收款必须整联全套作废，否则视同挪用公款处理；库存现金不超过1000元规定限额；支票和财务印鉴（公章、法人代表名章、财会人员名章）不得由同一人保管。

（八）集体财务支出审批程序：每一经济业务发生，必须取得合法的原始凭证，并写明用途及有经手人、证明人、审批人签名后，出纳才能报销、并据以入账；每月民主理财日，出纳员要填写《未收款核对表》一式两份，财务收支单据交理财小组集体审核，审核同意后由民主理财小组成员签名确认；民主理财小组对已入账的经济业务与村（组）领导处理意见不一致的，提交村党支部（党小组）讨论决定，如村党支部（党小组）的决定与原入账不符的，按党支部（党小组）决定进行账务调整，属应由个人负担的支出，由当事人办理退款手续。

集体财务支出审批权限：

1、村小组的开支，500元以下（含500元）由村小组组长审批；500元至10000元（含10000元）由村小组班子集体审批；10000元以上10万元以下由村小组班子集体审核，送村委会主任及村党支部书记审批；村小组组长经手的开支由村小组副组长或组委审批。

2、村委会的开支，10000元以下（含10000元）由村委会主任及村党支部书记审批，10000元以上10万元以下由村“两委”集体审批；村委会主任兼村党支部书记经手的开支由村委会副主任审批。

村组两级凡10万元以上的开支要按照民主管理、民主决策程序进行：把资金的使用计划、是建设工程项目的要将可行性论证报告及工程预算由村委会集体审议加意见后（村小组级还要组委会加意见），村小组级要召开村民大会或户代表大会讨论通过，村委会级村民代表会通过，然后送农经站审核报街道办事处审批。

（九）收入票据应进行电算化管理。对票据的购买、领用、使用、核销，必须用电脑实行全过程登记，收入票据管理按《黄岗街道办事处收入票据管理暂行规定》执行。

（十）设置专业会计员、出纳员，任命会计主管。有明确的岗位责任制，会计人员持证上岗；吸收新财务人员必须坚持公开招考、择优录取原则；财务人员必须保持相对稳定，其任用和调换，必须符合回避制度规定及经村委会村民代表会议讨论通过，提请街道办事处农经站审查后，报区农业局备案。

（十一）财会人员每年要参加财政部门继续教育学习，并参加街道办事处组织的农村财会人员技术等级考试。民主理财小组成员任期内接受轮训一次。

第二十五条　民主理财与财务公开

（一）民主理财

1、各集体经济组织的民主理财小组由三人组成。其中，经济社理财小组由村民大会选举产生，经联社理财小组由村民代表会议选举产生。

2、每月 2 日—3 日（节假日顺延进行）为民主理财日，每次理财活动要进行《理财活动登记表 》《理财审议表》的记录。

3、理财小组行使以下职权：监督集体财务活动；参与制定集体财务计划和各项财务管理制度；检查审核财务账以及相关经济活动事项；否决不合理开支。理财小组岗位职责按黄岗街道办事处发布的《黄岗民主理财暂行规定》执行。

4、理财小组要依法履行职责，对符合规定的支出，应予签名确认，不得故意刁难。对理财人员拒不签名的单据，提交村党支部（党小组）讨论决定。对不履行职责的成员，村民代表会议或村民会议有权罢免其资格。

5、村小组成员必须参加每月的理财活动，针对理财小组提出的问题进行解答。

（二）财务公开

1、在方便群众阅览的地方设置公开栏。

2、做好财务公布。具体要求上网、上橱窗公布时间：（1）“资产负债表及收益分配表”“现金收支明细表”“银行收支明细表”“收入支出情况表”“应收款明细表”“应付款明细表”等，月后 10 日内；（2）“农村合作医疗”“集体经营项目发包及租金收缴情况表”“经济合同的签订及履行情况”，季后15天内；（3）“固定资产明细表”“基建工程情况表”分别于办理报建手续、征地手续后开始公布，结算后再公布一次（跨年度工程应在每年度末公布工程进度情况）；（4）征地收支情况、土地征用、补偿及分配在年度结束后30日内；（5）群众要求公开的其它事项全部纳入公开内容；（6）村务公开后，村民委员会、村小组应该利用会议、意见箱、电话等形式征求村民意见。对村民提出的问题和意见，村委会村小组能当场解答的要当场给予答复，不能当场解答的应该在15天内给予答复。半数以上的村民对村务公开的事项不同意的，应当依法进行纠正，并重新公布。（7）上述公布表在公布前交街道办事处农经站一份备案。

3、村委会配置数码相机（要求500万像素以上，并有微拍功能），对每月的财务公开，承包项目招标、基建工程招标、重大会议事项等财务、村务公开情况拍照，并输入电脑按组分别归集，按年度刻录存档。

第五章 集体土地和村民宅基地使用管理

第二十六条　本村范围内的土地，除属国家所有之外，属集体所有，其中包括耕地、村边地、承包土地及宅基地，任何单位和个人不得侵占、买卖、乱建、挖土、葬坟等。

第二十七条　对集体的土地村民只有使用权，任何单位和个人只能按国家规定的用途使用，不得私自改变其使用性质和范围。

第二十八条　村庄建设要符合城市总体规划和土地利用规划，合理安排，节约用地。符合安全、美观、卫生及道路畅通等要求。

第二十九条　村民新建、扩建、改建永久性建筑物，必须向村委会提出书面申请，并交3000元按金，上报市规划部门批准。建猪舍、柴房、厕所、竹木棚等临时建筑物和构筑物，必须经村小组研究同意，并报规划部门批准，签订合同，待完工后清理完现场，经村民小组同意可取回按金。

第三十条　凡出租、出卖（或变相转卖）房屋者，不得申请建房用地。办理房屋转让手续，每宗实收3000元手续费，按建筑面积每平方米收取60—80元的道路公共设施维护费。

第三十一条　村民宅基地的规划和分配由村民小组（经济合作社）提出方案，经村委会、党支部讨论通过后依法提交本村村民会议讨论决定，并在村务公开栏张榜公布。

第三十二条　临时建筑物在法定使用期满不继续使用，或因村庄规划需要拆除的，由业主自行拆除，集体不作任何补偿。在村边地、宅基地、空闲地所种植的果树、蕉树以及其它作物，在本村需要规划用地时（包括规划村民建房用地），由业主自行处理，集体不作任何补偿。

第三十三条　新建、改建、扩建必须严格按红线范围内使用；临时建筑物按合同规定范围内使用，不得任意超越、改变。

第三十四条　凡申请用地建房，从批准之日起，三年内须建好一层以上；三年后不建的，集体收回土地，村委会退回所收取的有偿使用款项，其它部门所收取的手续费不予退回。

第三十五条　兴建项目不得危及四邻建筑物的安全和正常使用。如出现险情，兴建单位或个人要采取补救措施，造成的损失由兴建单位或个人负责赔偿。

第三十六条　兴建项目，不得侵占市政规划道路、巷道；不得损坏巷道、道路供水、供电、通讯等公共设施，如有损坏，由兴建单位或个人负责修复。

第三十七条　村庄道路、巷道由集体统一规划。村民建房的门口要与巷道的高度保持一致或按本村规定的控高点，不得人为地在门口设置障碍，任何人不得改变道路、巷道的用途。

第三十八条　集体土地从1992年起，实行有偿使用。建房用地的收费标准，由村小组研究决定。猪舍、厕所、柴房、竹木棚等非农用地，收费标准按村小组研究决定执行。对实行土地有偿使用所收取的款项，实行专款专用，主要用于村内道路、巷道路等公共设施建设，不得挪作它用。

第三十九条　对下列情况之一者，除按国家有关规定处罚外，并作以下处理：

（一）凡未经批准，私自建房或建临时建筑物均属违章建筑。对违章建筑，村委会有权检查、制止和责令停工、拆除或强行拆除。拆除人工每工 100 元，由违章者负责。并视其情节轻重，责令缴纳每平方米 10—15 元的违约金。

（二）凡未经批准，任意堆放物料者，限期搬迁；工程完工后，不按期清理场地，没收按金，拒不搬迁者，强行搬迁，并按每天每平方米收取 10 元占地费。

（三）对因施工损坏道路、巷道等公共设施，不按要求修复的，由村小组安排人员修复，一切工程费用则由损坏的施工单位、个人负责，并责令缴纳 500—1000 元违约金。

（四）对乱排污水、乱倒垃圾，影响村容整洁和卫生者，责令其清理整治；拒不执行者，则由村委会安排人员清理，一切清理费用由当事人支付，并责令缴纳 100—200 元的违约金。

（五）对转卖申请领取的宅基地，除没收地价款项外，并责令缴纳 1000 元违约金。

（六）对变相或以工料抵偿转卖所领取宅基地者，除折价收回地价款项外，并责令缴纳 1000 元的违约金。

第四十条　凡因建筑而引起纠纷，由村委会调解，调解不服，由国土、规划、城建或司法部门处理。

第四十一条　村委会和村民小组负责人要严格把好审批建房用地关，

对利用职权徇私舞弊、受贿的，要依法移送司法机关追究刑事责任。

第六章 建筑工程招投标办法

第四十二条 建筑工程项目公开投标范围：5 万元（含）以上都要进行公开投标；10 万元（含）以上投标前先由建设单位立项，经民主决策程序批准，报街道办事处审查后（审查内容：街道办事处农经站核实民主决策程度及资金来源，村街道办事处办审查项目用地的合法性和是否符合规划的控规要求），再交给工程管理单位设计建筑施工方案、建筑要求等，项目招投标初步方案报街道办事处建设工程招标领导小组审核批准后，将方案及投标时间在投标 10 天前进行张榜公布。

第四十三条 参与工程项目竞投资格：

（一）凡参与工程项目竞投者，必须具有承担工程项目的经济能力、技术能力和管理能力，竞投者要具有工程项目经理资质证书或最少聘请一名具有工程项目经理资质人员参与管理，并签订协议书，对整个工程项目的质量、安全责任及经济责任负责。

（二）参与竞投者要按 5 万元以下工程交押金 3000 元，超出 5 万元工程按 10% 缴交投标押金，押标金在工程结算 3 个月内退还施工班组，弃标的 5 万元以下没收 3000 元押标金，5 万元以上没收 5000 元押标金，没收的押标金 90% 归建设单位，10% 归工程管理单位。

（三）参与竞投者（班组）必须有按工程造价 15% 的银行存款（现金）作工程开工保证金；以上资料必须在竞投者领取工程招标资料时交由招标领导小组验证，验资后，符合要求的，方可参加竞投。

第四十四条 开标、评标、定标方法：

（一）投招会由村委会组织。村委会的集体项目由村委会“两委”成员、财务监督、村理财人员及各村小组长参加；村小组的集体项目由组级骨干参加，街道办事处招投标领导小组负责指导和监督。

（二）简易建筑以价低者得（不得高于标底价）。

（三）永久性建筑或有一定规模的，技术要求高的建筑项目采用“A+B值评标法”。

（四）评标办法：

1、投标报价有效范围：在招标参考价的95%—85%内（含本数）。

2、各项工程由村民代表用投浮动系数的方法（浮动范围在开标前由村民代表自行填写）分别去掉一个最高和最低数，取平均值。用该平均值和招标参考价计算出投标基准价A，所有投标者的有效投标报价的算术平均标价为B，然后以“A+B值”的算术平均值为定标标准值。

3、取最接近定标标准值负值的为中标价，如无负值时则取最接近定标标准值正值为中标价。

两项工程投标方式必须经建设单位的骨干会议讨论决定，有特殊工程可以由甲方发出邀标书，应邀者不得低于3个班组方能开展竞投；

第四十五条　不可预见工程或预算外附加工程结算办法：

不可预见工程或预算外工程，必须经设计、建设单位签证认可，以实际工程量，按广东省建筑工程综合定额，结合肇庆市端州区建筑材料单位及有关文件下调10%结算。但增加工程超过10%，原则上要重新投标（经村民会议或村民代表研究同意免除投标的除外）。

第四十六条　中标者在施工中必须按设计要求、施工规范、施工安全规定进行施工。

第四十七条　在应标领取施工图时附有承包工程项目的具体条款。

第四十八条　工程完工后，按规定组织有关部门和代表到现场验收合格后，施工单位将项目（包括附加项目）资料全部交一份给甲方，方可进行工程结算。

第四十九条 “烂尾工程”结算办法：

对所有“烂尾工程”，甲方除没收施工方的工程保证金外，只按中标价实际投入工程量的 80% 结算（待工程重新开工完工验收合格后，一个月内付给施工方）。

第五十条 有下列情形之一者，取消竞投资格：

（一）不按设计要求偷工减料，经甲方责令停工的；

（二）无故拖延施工时间，经甲方责令停工的；

（三）造成严重工程质量事故或工程安全事故，被建筑部门责令停工的。

第七章 社会事务管理

第五十一条 每个村民都要懂法、守法、护法，敢于同一切违法行为作斗争。村民之间应团结友爱，和睦相处，不打架斗殴，不酗酒滋事，每个村民都应自觉维护社会秩序和公共安全，不扰乱公共秩序，不阻碍公务人员执行公务；严禁侮辱诽谤他人，严禁造谣惑众、搬弄事非，严禁黄毒赌；爱护公共财产，不得损坏水利、交通、电力、生产等公共设施；严禁偷盗、敲诈、哄抢国家、集体、个人的财物，严禁非法限制他人人身自由或者非法侵犯他人住宅和人身安全，遵守社会公德。

第五十二条 对违反社会治安管理规定者但尚未触犯刑律和《治安管理处罚条例》的，由村民委员会给予批评教育并酌情处理；对造成经济损失的，责令其经济赔偿并限期改正。对侵犯公民人身权利，扰乱秩序，造成人身伤害或财产损失的，除由司法机关依法作出处罚外，并停止其当年集体分红。对吸毒人员被公安机关抓获强制戒毒的，停止其本人当年集体分红。

第五十三条　抓好安全生产，落实安全管理责任制，制定应急预案，村、组配备1—3名安全检查监督员，村必须组织一支5—10人的义务消防队，并配备必要的器材及场所，落实安全生产巡回检查制度，每季度检查不少于一次，并做好检查记录，设置物业安全工作专档，掌握本村组物业情况，确保集体物业安全。

第五十四条　每个村民都应自觉遵守婚姻自由、男女平等、一夫一妻的婚姻制度，尊老爱幼，建立团结和睦的文明家庭。

对丧失劳动能力的老年人，其子女必须尽赡养义务，保证老年人晚年生活。对不赡养老人者，由村民委员会按街道办事处规定的“五保”供养标准，责令其子女均摊。

父母、继父母应承担未成年或无劳动能力的子女的抚养教育，不准虐待病残儿童、继子女和收养的子女，不准让初中以下学生辍学。子女必须承担对父母的赡养义务，而对父母的遗产，子女享有继承权。

第五十五条　倡导社会主义精神文明，移风易俗，反对封建迷信及其他不文明行为，树立良好的社会风尚。提倡喜事新办，不铺张浪费；丧事简办，严格执行殡葬管理有关规定，实行遗体火化（有国家规定可享受少数民族政策者除外），不搞陈规陋俗；不请神弄鬼，不算卦相命，不搞封建迷信活动。搞好公共卫生和村容村貌，保证食用水源清洁。

第八章　人口与计划生育管理

控制人口数量、提高人口素质是实现社会主义现代化建设宏伟目标和可持续发展的重大战略决策。根据《中华人民共和国人口与计划生育法》《广东省人口与计划生育条例》，结合我村实际，制定本《村规民约》。

第五十六条　贯彻执行《中华人民共和国人口与计划生育法》以及《广

东省人口与计划生育条例》，进一步落实“宣传教育为主，经常性工作为主，避孕节育措施为主”的方针，推动人口与计划生育的和谐发展。

第五十七条　加强领导，明确责任，坚持实行“一票否决制”。村党支部、村委会党政一把手亲自抓、负总责，不断推进计生工作重心下移，形成“村为主、组配合、户落实”的工作体制。村委会坚持村民小组委员以及计生员落实分片包干责任。

第五十八条　强化人口与计划生育工作的约束机制。

（一）依法结婚后，生育第一个子女的，应在怀孕三个月后、生育前办理怀孕有关登记手续；生育后应在 90 天内上环（剖腹产 180 天内），并自觉办理《独生子女父母光荣证》。符合法定条件的，可再生育一胎子女的，应先向村委会提出申请，待乡镇（街道）计划生育工作机构审批后方可怀孕；生育后应在 90 天内（剖腹产 180 天内）一方落实绝育措施。

（二）对农村的独生子女户和纯生二女结扎户，应当根据本地实际情况制定优待奖励补助办法。

（三）“查环查孕”是计生工作的关键环节。育龄妇女实施每年四次“查环查孕”制度。“查环查孕”时间为每年的 1、4、7、10 四个月份。育妇全年缺一次“查环查孕”的，停止育妇当年半年的股份分红；缺两次以上（含两次）“查环查孕”的，停止育妇当年的全部股份分红，如果育妇不享有股权，则停止其配偶的股份分红。替代他人参加“三查”或者落实节育措施的由街道办事处计生办对替代者处 500 元以上 2000 元以下的罚款。

（四）经批准再生育，怀孕后要求终止妊娠的，要经县级或者不设区的市级人口和计划生育行政部门批准。擅自人工终止妊娠的、谎报婴儿死亡的、未依法办理收养登记收养子女的不再安排生育，再生育的按超生处理。

（五）应落实节（绝）育措施的育龄夫妇必须在规定期限内落实节（绝）

育措施。未经区计生服务中心鉴定暂不宜落实节（绝）育措施，而不落实节（绝）育措施的，停止夫妻双方股份分红至落实措施时止（以月为单位，不足一个月的按一个月计算）。政策外怀孕的应自觉落实补救措施。

（六）农村居民超生一个子女的，对夫妻双方分别按当地乡镇农民上年人均纯收入额为基数，一次性征收三倍以上六倍以下的社会抚养费，本人实际上年纯收入高于当地乡镇农民上年人均纯收入的，对其超过部分还应当按照一倍以上二倍以下加收社会抚养费；超生二以上子女的，以超生一个子女应征收的社会抚养费为基数，按超生子女数为倍数征收社会抚养费；未办理结婚登记生育第一个子女，60 日内未补办结婚登记的，按计算基数征收二倍的社会抚养费；未办理结婚登记生育第二胎以上子女的，按计算基数征收三倍以上六倍以下的社会抚养费，有本配偶又与他人生育的，按计算基数征收六倍以上九倍收下的社会抚养费。

（七）对超生人员，有关单位依照《广东省人口号计划生育条例》规定作出处理之日起，五年内国家机关和事业单位、国有企业、国有控股企业，乡镇集体企业不予招工、录（聘）用；五年内不得选为村（居）民委员会成员和评为先进；七年以上十四年以下不得享受农村股份合作制分红及其他集体福利。

（八）凡违反计生的对象未有足额缴纳社会抚养费的，先在其股份分红中征收社会抚养费，由街道办事处计划生育办公室统一开具征收发票，上缴国库，直至社会抚养费全部足额缴纳后，再按本《村规民约》规定的年限停止股份分红。对违反计生政策者停止股份分红的金额，应全部转入村委会专帐，统一用于计划生育专项经费开支。

（九）提供房屋给户籍不在本村的人口居住，屋主要负责住户育妇自觉实行计划生育，督促住户育妇参加村委会组织的季度查环查孕和其他计生工作；发现租户育妇怀孕要及时向村委会汇报。违反本规定的，按村民育妇同等处理，依法由屋主承担。

（十）人口计生例会是研究解决重大问题，传达贯彻落实上级人口计生工作会议精神，部署党委政府工作任务，加强督促检查，完善人口计生工作预报、预警制度，及时兑现奖惩，落实“一票否决”制度的重要载体。村（居）人口计生例会每月召开 1 次，每月 2 日前定时召开。

（十一）村（居）要成立计划生育协会，村（居）协会要充分发优势，配合村党支部、村委会和有关部门为自觉实行计划生育的群众提供各种奖励优惠，建立和健全协会规章制度，积极开展经常性的学习、宣传、服务等活动。

第五十九条　加强流动人口计划生育管理。流动人口的计划生育管理，由村委会和各村小组按《广东省流动人口计划生育管理办法》管理。负责对本辖区内出租屋、企业签定计划生育责任书。将流动人口必须纳入常住人口管理，建立流动人口档案。实行“谁用人，谁负责；谁受益，谁管理；谁的地盘，谁清理”的管理原则。出租屋主应主动协助管理工作。

第六十条　企业业主，要负责组织本企业的已婚育龄妇女落实计划生育措施（包括上环、结扎不足一年的，使用避孕药具及其他措施的）季度查环查孕，时间为 1、4、7、10 月。按《广东省人口与计划生育条例》及国家《流动人口计划生育管理办法》《广东省流动人口管理办法》处理。

第六十一条　严禁非法进行胎儿性别鉴定和选择性别的人工终止妊娠。

第九章　人民调解工作

第六十二条　例会制度。每月召开一次工作会议，总结、研究工作；每季度组织一至二次业务学习，学习调解业务知识和有关法律、法规和政策。

第六十三条　纠纷排查制度。每月组织一次对民间纠纷的排查活动，分析研究纠纷发生的原因、特点、规律和发展趋势，有针对性地做好预防工作。

第六十四条　汇报制度。调解委员会要如实填报和按时报送月度表，半年小结，年终总结和年度计划；每月应向司法所汇报一次调解工作情况，发生重大纠纷和激化事件，要立即报告。

第六十五条　登记制度。调解委员会应建立“四簿一册”登记制度，即：《调解纠纷登记簿》《法制宣传登记簿》《学习会议登记簿》《来信来访登记簿》以及《调解人员花名册》，登记记录要全面准确，字迹清晰，归档及时。

第六十六条　回避制度。调解人员与纠纷当事人一方有利害关系可能影响公正调解的，应当回避。

第六十七条　回访制度。定期或不定期对纠纷当事人进行回访，督促调解协议的履行；发现已达成的调解协议有不当之处，在征得双方当事人同意后，撤销原协议重新调解。

第十章　集体福利

第六十八条　成立基金委员会，以村党支部书记为基金会会长；成立以村委会副主任为成员的福利基金会领导小组，负责基金会的收支、审批发放补助等工作。

第六十九条　具有本村农业户口（退休回原籍、非农业户口、暂挂户口除外）的村民，实行对年老、意外伤亡、因病死亡、因病住院特困户实行老人补助款和困难补助制度，使其老有所养，病有所医，防止村民“因病致贫”。

第七十条　福利基金会每年结算一次，不足追加统筹，有余部分转入下年度使用。福利基金随着集体经济发展，经村民代表会议讨论决定可作增减。

第七十一条　基金会按每人每年根据区新型农村合作医疗报销办法执行。

第七十二条

（一）属本村农业户口的村民，年满60周岁以上的村民，每年“九九”老人节，向每位老人发放100元的节日慰问金。

由村委会集中同向各村小组具有股份且具有农业户口的村民办理农民养老保障，缴费标准按照每人每月60元，缴费时间为15年，各村小组为本村16周岁以上的村民每人每年支付180元，个人部份的120元在各户年终分红款中列支。

（二）在校学生，学习成绩优秀者可享受如下待遇：小学考上重点中学（肇庆中学、肇庆第一中学）的奖励300元，中学考上重点高中（肇庆中学、肇庆第一中学）的奖励300元，考上本科的奖励1000元，考上“状元”的特别嘉奖。每学期对获得“三好学生”的学生每人奖励30元。

（三）退伍军人在“八一”建军节和春节每人可享受300元慰问金。

第七十三条　补助条件：

因疾病在端州区合医办指定的医院（市卫校、第一人民医院、市中医院、端州区人民医院、妇幼保健院、市第二人民医院、市第三人民医院、华佗医院、端州红会医院、肇庆市肺结核病防治所）住院。

第七十四条　补助标准：

（一）村民因病在端州区合医办指定的医院住院，按照区属医院报销住院费的40%、市属医院报销住院费的35%，村民在一年内不论发生一次或多次住院，基金会补助累计最高补贴按《端州区新型农村合作医疗章程》执行。

第七十五条　下列情况不予补助：

（一）门诊（含门诊观察室）、镶牙、验眼、配镜、助听器、人工器官、美容治疗、整容矫形手术、气功按摩、家庭病床、陪人费、特别护理、非医疗个人服务、中药煎药费、健康检查费（体检、检查）、交通费、出诊费、住院期间的杂费。

（二）怀孕、流产、堕胎及其它计划生育所需的一切费用。

（三）非端州区合医办指定医院的住院医疗费。

（四）因第三者造成村民伤害所支付的住院医疗费由第三者承担。

（五）自杀、斗殴、性病、违反计划生育条例，欺诈、违法犯罪，拖欠集体租金，具有劳动能力而不参加劳动，大搞封建迷信行为，以及其家人故意行为所支付的医疗费。

第七十六条　补助基金的给付手续：村民自出院三日后起 30 天内，凭下列单据、证明向基金会申请办理补助手续。

（一）住院发票原件；

（二）补助人书面申请；

（三）身份证或户口薄；

（四）疾病诊断证明书；

（五）医院医疗费原始单据及结算单明细表；

（六）经村委会福利基金会领导小组审批。

第七十七条　福利基金设专用帐户，实行专款专用，任何单位个人不得挪作它用，实行严格审批制度，每年核算一次，并向群众张榜公布。

第七十八条　每三年领导小组咨询村民，对章程进行讨论，对资金来源和补助标准进行协商修改。

第十一章　附　则

第七十九条　本章程中的条款如与国家法律、法规和上级有关政策有抵触的，按国家法律、法规及上级有关政策执行。

第八十条　本章程由本村民委员会负责解释。

第八十一条　本章程经咨询各农户意见，并经大多数农户确定后，由2011年12月1日起执行，原《厚岗村民委员会村规民约自治章程》同时废除。

黄岗街道办事处厚岗村民委员会

2011年12月1日

主要参考文献

1、清·道光十三年修光绪二年重刊本《肇庆府志》。

2、清·道光六年刊本《高要县志》。

3、民国二十七年重刊本宣统《高要县志》。

4、1947年梁赞燊等编：中华民国《高要县志》初编本，台北：台湾金山印刷公司，1973年。

5、肇庆文物志编纂委员会：《肇庆文物志》，广州：广东省新闻出版局，1996年。

6、肇庆市端州区地方志编纂委员会编：《肇庆市志》，广州：广东人民出版社，1996年。

7、肇庆市端州区地方志编纂委员会：《肇庆市端州区志》，北京：方志出版社，2012年。

8、梁洪森编：《渡头梁氏谱志》（内部资料），2013年。

9、肇庆市端州区史志办公室编：《历史的步伐》，北京：中国文史出版社，2004年。

10、广东省肇庆市不可移动文物名录编纂委员会编：《广东省肇庆市不可移动文物名录（端州篇）》，广州：世界图书出版广东有限公司。

编纂始末

渡头村是端州区极具代表性的一个古村落，在端州发展的整个历史脉络中具有非常重要的地位，挖掘、整理、记录好渡头村的历史人文资源，对于保存端州历史、弘扬端州文化、助力端州乡村振兴具有极其重要的现实意义和深远的历史意义。

在区委、区政府的大力支持下，2018 年 3 月，区史志办公室正式启动《渡头村志》编纂工作。在广泛调研、咨询的基础上，积极组织有关专家学者进行研讨，酝酿所需的编纂素材，全方位做好人财物、资料信息等各项准备，并参考《中国名村志文化工程实施方案》的要求，起草《渡头村志》编写提纲。

按照工作计划，区史志办公室随即成立机构，科学组织、周密部署、有条不紊推进《渡头村志》的编写工作。结合工作特点和性质，在这次编写工作中，除我办郭剑泉具体负责起草提纲、篇目并作编纂的主笔外，还紧紧依靠社会力量，邀请有关专家、学者，特聘民间知情人等参与，从而使得资料来源更加广泛全面，史实把控更加准确有据。

在城东街道和厚岗社区的大力配合下，编写组走村入户，通过走访村民、查阅资料、翻阅档案等途径，深入挖掘各类素材，认真拍摄相关照片，严谨核对史实史料。历经一年多时间，于 2019 年上半年完成《渡头村志》初稿的编写。

在此基础上，我们将初稿送区政府顾问、区史志办公室原主任黄小红审阅，提出修改意见。根据专家意见和新发现的史料，志稿又经多次修改、补充、完善、校核，并于2019年8月底再次送黄小红和肇庆市文史专家、星岩书院院长谢远谋审阅，最终形成图文并茂的《渡头村志》，于2020年12月交由方志出版社出版发行。

根据实际，该书按基本村情、文物古迹、文化教育、风土民情、艺文杂记等主要类目展开记述。“基本村情”通过记述村名来由、建置、区位、气候、土壤、水文、族系、人口、交通、水利、经济发展、社会民生等反映渡头村古今历史变化；“文物古迹”记述元魁塔、广爱亭、梁氏宗祠等富有历史韵味的古建筑；“文化教育”通过记述梁氏家规、祠堂文化、祭祀制度、武术狮艺、古今教育、奖学制度等，反映渡头村民自古以来对文化教育的重视和取得的成果；“风土民情”记述当地流传甚至保存至今的民俗；“艺文杂记”收录了古今与渡头村有关的文学作品与记录、传说等。

《渡头村志》的编纂出版，得到上级领导、有关部门和社会各界的大力支持，得到当地村民的积极协助，特别是梁洪森、李树新两位社会人士协助搜集资料，使志稿得以不断充实、完善。在此，表示衷心的感谢。

由于年代久远，乡村档案、史料匮乏，加上水平所限，书中可能存在不当和粗疏错漏之处，恳请广大读者指正。

编者

2020年12月